はじめてでもカンタン!

新しいNISA超入門

藤原久敏

standards

私、NISAを始めます！

先生～
NISAとiDeCo、始めるならどちらがいいのですか？
わからなくなっちゃって…
フラ
フラ…
おや？
投資を始めるならNISAがいいと思いますよ
なぜNISAがいいんですか？
2024年1月から「新しいNISA」が本格的に始まったからですよ
そういえばセミナーでも話してましたね
2024～新しい
NISA.
これまでの「NISA」より使いやすく、「iDeCo」より始めやすい
さらに投資できるお金が大きいので将来のリターンも期待できるのです
へ～…
あ、これわかってないな…
わかりやすく説明しますわ

お金を増やす手段として「投資」が注目され、そのための制度として、NISAとiDeCoの2つがあります
iDeCo
NISA
ふむふむ
NISAは、投資の利益が非課税になり、投資の上限額が決まっている以外は普通の投資とそれほど変わりません
NISA
かたやiDeCoは、自分で年金を作る目的で作られた投資信託の積み立て制度で、購入にかかる費用の控除、利益を非課税にしたものです
上限もあるけどね
iDeCo
なるほど〜。利益に税金が取られないのはいいですよね〜
でも、NISAに「新しいNISA」ができたのはなんでですか?
「23年までの「旧NISA」は利用期間が決まった時限制度だったのです
旧NISA
新しいNISA
恒久的な制度にして使いづらい点も改めたのが「新しいNISA」です
改めた面とは?
?
大きくは3つ
非課税期限の無期限化
年間投資額などの大幅な金額アップ
投資できる枠の一元化
です

いつ売っても税金がかからなくなったし、投資金額も年間で倍増以上になっています
一般NISA
つみたてNISA
さらに旧NISAでは、「つみたてNISA」と「一般NISA」に分かれて利用が面倒でしたが、「新しいNISA」では併用できるのです
なるほど〜
後ほど詳しく聞きたいですが、それでiDeCoよりもいいというのは？
iDeCoですか…
クイ
将来の資産形成ができる点ではNISAと同じなのですが、しくみや手続きがNISAより煩雑で、手数料もかかるんです
初めてやるには実はハードルが高いんですよ
iDeCo
えええ〜!?
みんな勧めているじゃないですか！
iDeCo
MONEY
iDeCo
あの雑誌とか本とか・・・
老後のために控除や利益への非課税、NISAにはない金融商品があるのはいいんですけどね…
NISAの方が魅力的な金融商品がそろってますし、投資できる金額も基本的にNISAが大きいのです

始めての投資なら
NISAの方が
始めやすいのは
確かなのです
NISAで
いいデショ?、
ええ・・・
そこまで言うほど
「新しいNISA」で
始めるのがよいの
ですか?
そうです!
NISAは口座の開設は
無料ですし、数百円から
投資できるので気軽に
始めることができます
それに投資は
まず始めてみる
ことが大事ですよ
ムムッ
始めてみるのが
大事…
なるほど…
それでは先生!
NISAのこと
もっと教えて
くれますか!?
要点を
しぼって!!
いい
ですよ!
NISAでお金を
増やすために必要なことを
教えていきます!

で資産を作る!

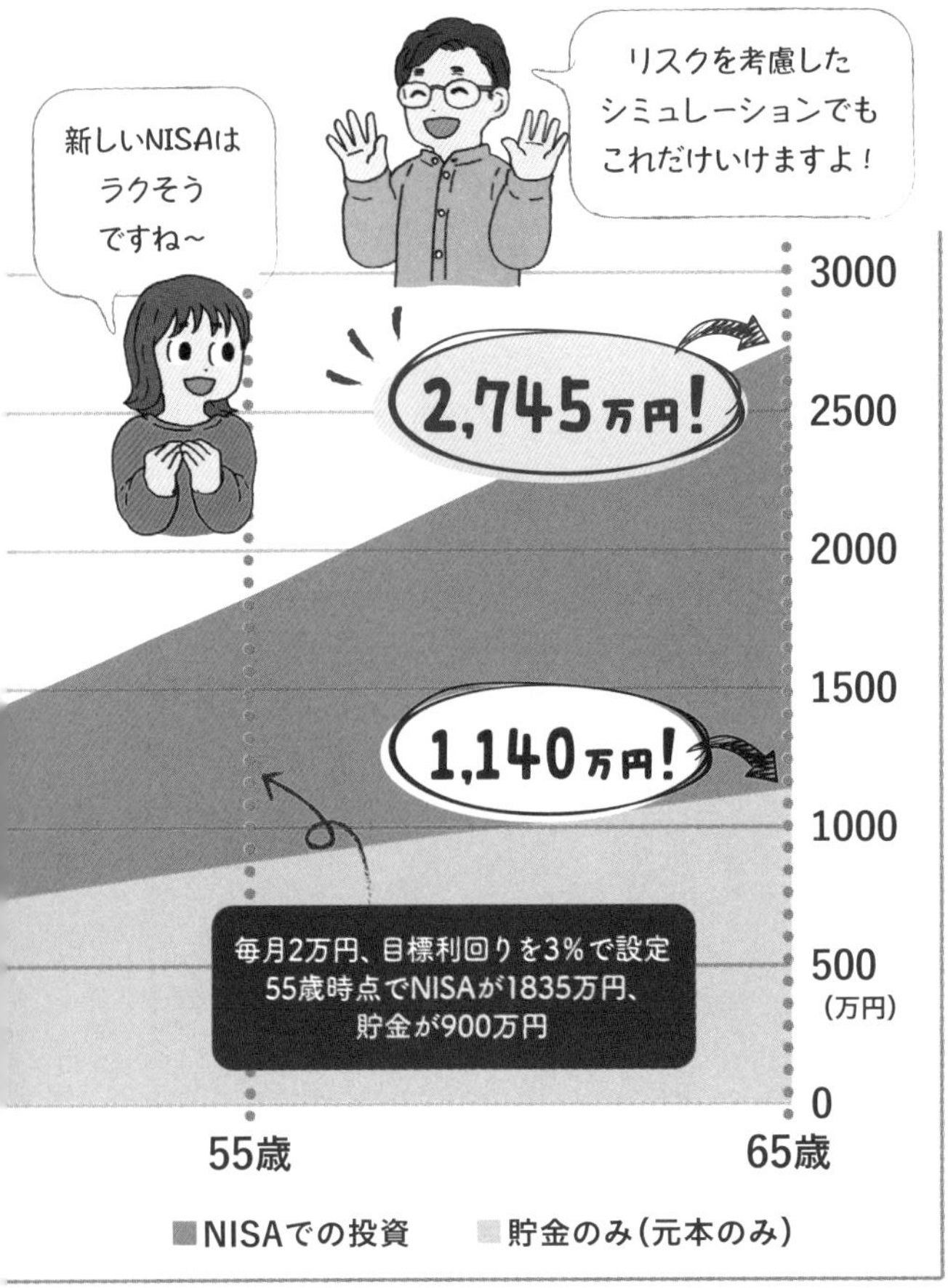

新しいNISAのメリット

新しいNISAで投資を始めるべき理由

▼今すぐ始められる

「新しいNISA」を活用することで、「有利に」「手軽に」「手間いらず」でしっかり資産作りができます。

新しいNISAは、18歳以上であれば誰でも利用できて、特別な知識は必要がなく、まとまったお金がなくても少額の積み立てで始めることが可能です。

すなわち、あなたのヤル気さえあれば、今すぐ新しいNISAを始

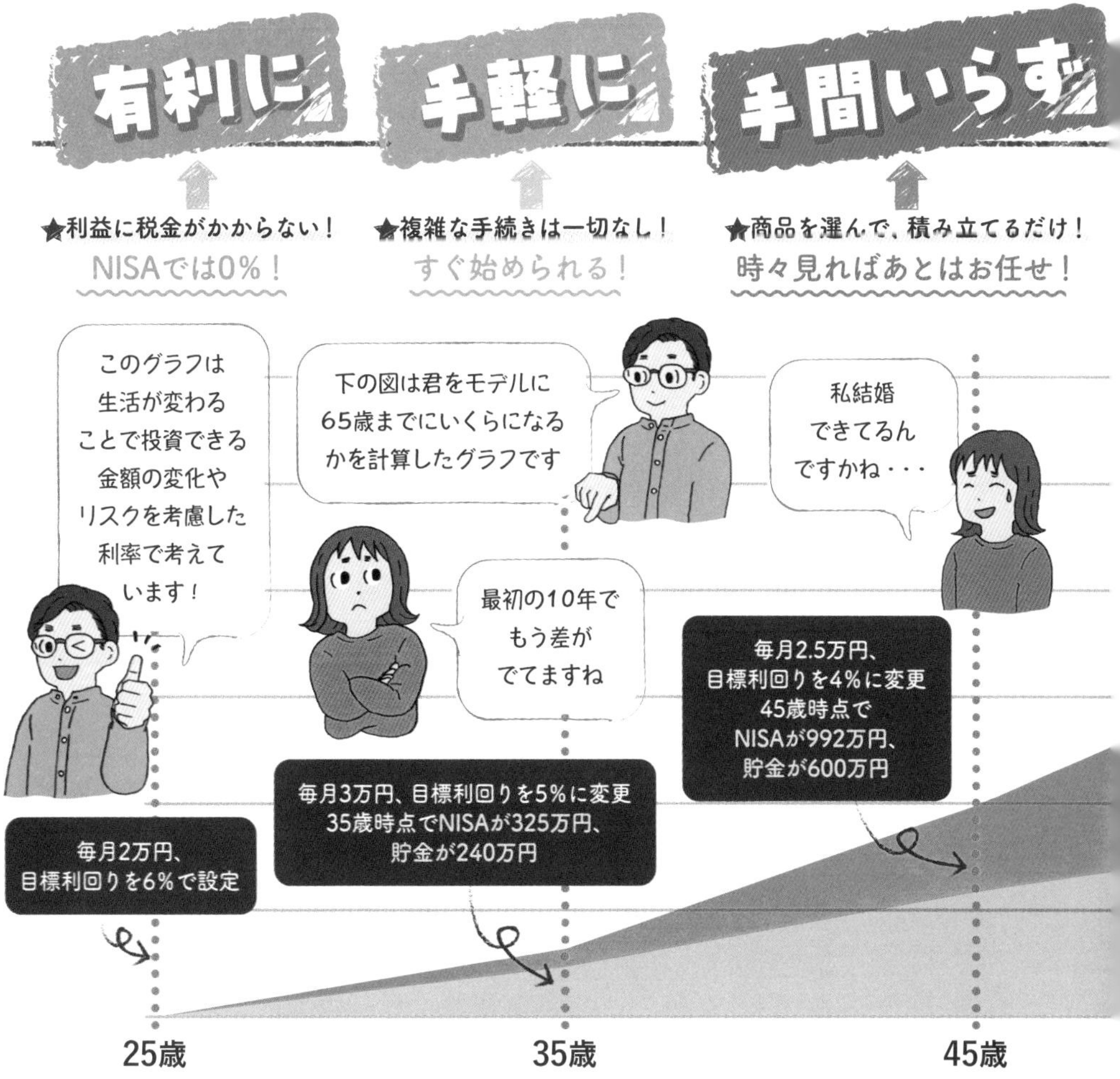
有利に
手軽に
手間いらず
★利益に税金がかからない！
NISAでは0％！
★複雑な手続きは一切なし！
すぐ始められる！
★商品を選んで、積み立てるだけ！
時々見ればあとはお任せ！
このグラフは生活が変わることで投資できる金額の変化やリスクを考慮した利率で考えています！
下の図は君をモデルに65歳までにいくらになるかを計算したグラフです
私結婚できてるんですかね・・・
最初の10年でもう差がでてますね
毎月2万円、目標利回りを6％で設定
毎月3万円、目標利回りを5％に変更
35歳時点でNISAが325万円、貯金が240万円
毎月2.5万円、目標利回りを4％に変更
45歳時点でNISAが992万円、貯金が600万円
25歳
35歳
45歳

NISAでの投資と貯金のみでの将来比較

めることができるのです。

2000万円以上は十分現実的

上記の積立シミュレーションは、生活の変化に応じて、その積立額や目標利回りを柔軟に変更しています。いずれも毎月2～3万円、目標利回りは3～6％と、決してムリな設定ではありません。現在の平均収入と支出を考えるとむしろ現実的な設定とも言えます。

新しいNISAでの積み立てを25歳から始めることで、65歳の時には3000万円近くの資産を作ることができるのです。公的年金や退職金、そして預貯金に加えて、これだけの資産があれば、安心できるのではないでしょうか。

 上記のシミュレーションは「みんかぶ　資産運用シミュレーション」をもとに作成しています。 https://itf.minkabu.jp/simulation/calculator

はじめての人にも易しい

これでわかる！新しいNISAの始め方

第1章 新しいNISAのしくみを知る

新しいNISAの特徴を解説！

- 大きなお金が税金をかけずに作れる！（非課税投資枠の大幅拡充）
- 一生使える投資の制度！（非課税期間の無期限化）
- 新しいNISAの特徴を丁寧に説明！

NISAの概要から解説しますよ

第2章 金融機関を選び口座を開設

証券会社や銀行との違いと口座の開設方法を解説！

- 手数料、取扱商品ラインアップ、サービスの比較
- 希望の商品を取り扱っているかを確認して口座開設！

ネット証券が一番いいですよ

買える商品にも違いがあるのですね

第3章 つみたて投資枠で、積み立てる商品を選ぶ

「投資信託」を基本から解説

- 堅実にお金を増やしていくには「つみたて投資枠」での運用が重要！
- 買うべき投資信託の見方とオススメの商品を紹介

投資信託の理解が、運用の鍵となります

▼本書の読み方

新しいNISAは、上記の流れを追っていけば自然とわかるようになります。

最初は何を「どこで始めるか？」です。

第1章では、マンガでも触れましたが、新しいNISAのポイントを改めて丁寧に解説、続く第2章で、金融機関選びのポイントと、口座開設方法や商品の買い方を紹介します。

次は、投資のメインとなる「どの商

▶新しいNISAの要点とお金の増やし方を教えます!

余裕があれば
成長投資枠も
よいでしょう
第4章
成長投資枠の買い方・選び方
株式投資の基本と銘柄の見方を解説!
株式投資の基本と株主になるメリットを解説
株式の投資方法と銘柄を紹介
第5章
積立額とポートフォリオを
決めて、購入していく
自身のライフスタイルや家計状況に
合わせた購入方法をアドバイス!
「ポートフォリオ」を使って目標額を目指す!
リスクやリターンを考慮して年代に合わせた
商品の組み合わせ方を紹介!
ムリのない
目標額を
目指します
新しいNISAを
使いこなして
将来に備えます!
番外編
第6章
「投資するお金が足りない!?」を解説!
投資資金の
捻出に困った
ときに読むと
よいでしょう

品を買うのか」です。

第3章では、本書読者が最も選ぶべき「つみたて投資枠」で買える投資信託を基本から説明。商品の見方とさらにはオススメ商品を紹介します。第4章では、「成長投資枠」で買える個別株式、いわゆる株式投資の解説です。投資方法、オススメ銘柄も紹介します。

最後は、「どう購入するか?」について。

第5章は、希望の結果を出すためのツール「ポートフォリオ」の出番です。年代別でライフスタイル毎の積み立て事例を買うべき商品とあわせて紹介します。

第6章は、番外編として、「投資資金の捻出方法」を解説しています。

さあ、これで将来のために資産を作っていきましょう!

はじめてでもカンタン！新しいNISA超入門

目次 CONTENTS

【お読みください】
本書は情報の提供を目的としたもので、その手法や知識について勧誘や売買を推奨するものではありません。
NISAで購入できる金融商品は、元本の補償がなく、損失が発生するリスクを伴います。本書で解説している内容に関して、出版社、および監修者を含む製作者は、リスクに対して万全を期しておりますが、その情報の正確性及び完全性を保証いたしません。
実際の投資にはご自身の判断と責任でご判断ください。

note

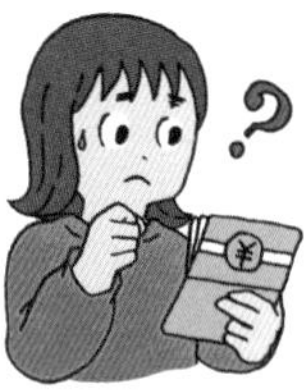

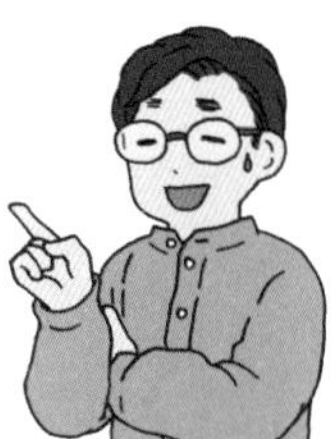

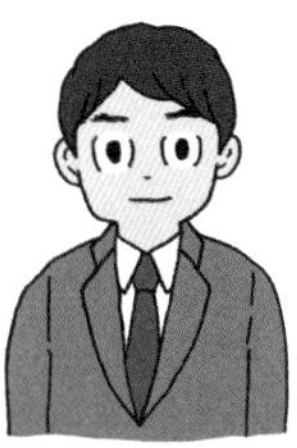

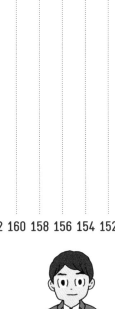

第1章

『新しいＮＩＳＡ』これだけ覚えれば大丈夫！

PART 1

新しいＮＩＳＡ、これだけ覚える

２０２４年からの神改正

ＮＩＳＡは収益が非課税になるお得な投資制度です。

２０１４年にスタートした制度ですが、２０２４年から大きく改正されたことから、改正版は、新しいＮＩＳＡと呼ばれています。

そして、そのあまりの拡充ぶりは投資家の間では「神改正」とも言われ、大きな注目を浴びています。

その主な改正点（新しいＮＩＳＡの特徴）は、『非課税期間が無期限となったこと』『非課税投資枠が大幅にアップしたこと』『２つの投資枠が併用できること』の３点です。

新しいＮＩＳＡ、スッキリ解説

本章では、「これだけ覚えれば大丈夫」の視点で、新しいＮＩＳＡをスッキリ解説します。

具体的には、「非課税で投資ができる」とはどういうことなのか？から前述の３つの改正点の解説、新しいＮＩＳＡで押さえておくべき主なポイントをピックアップして、分かりやすく解説していきます。

ＮＩＳＡでお金を増やすにはまずしくみを知ることです。新しいＮＩＳＡは決して難しくはありません。まずは情報を整理していくことから始めましょう。

一言解説 NISAはイギリスの制度がモデル

日本のNISAは、イギリスの優遇処置のある投資制度であるISA(Individual Savings Account)をモデルにしています。なので、ISAの頭にN(Nippon)をつけて、NISAという名称なのです。
なお、2024年からの新しいNISAに対して、本書では、2023年までのNISAを、旧NISAとして区分しています

新しいNISAを教えてください!

新しいNISAの概要

	新しいNISA	
	つみたて投資枠	成長投資枠
	●積立購入のみ ●金融庁が定めた一定の商品のみが対象	●積立、一括購入ができる ●上場株式、投資信託、REIT、ETFなど幅広い商品が対象
年間非課税投資枠	120万円	240万円
生涯非課税投資枠	1,800万円(うち成長投資枠1,200万円)	
非課税期間	無期限	

CHECK!
非課税投資枠が大幅にアップ

CHECK!
2つの枠は併用できる

CHECK!
いつ売っても非課税になるということ

※制度は恒久化(いつでも口座開設・新規投資ができる)
※年間非課税投資枠:1年間に非課税として投資できる最大額
※生涯非課税投資枠:NISA口座で買える最大額
※上場株式:いわゆる株のこと(102ページ参照)
※投資信託:プロが運用してくれる金融商品(66ページ参照)
※REIT:不動産を対象にした投資信託(138ページ参照)
※ETF:投資信託を株のように売買できるようにした商品(76ページ参照)

投資の収益が非課税＝税金ゼロ

投資で得た儲けに税金がかからない

投資の収益は本来20・315％もの税金が取られる

NISAのメリットは、なんといっても、「投資の収益に、税金がかからない」ことです。株式投資では配当金や売却益が、投資信託であれば、収益分配金や売却益が、投資の儲けとなります。

そして、本来であれば、その儲けには税金がかかります。すなわち、NISA口座ではない、課税口座（一般口座や特定口座を指す。総合口座ともいう）で投資をした場合には、その収益に対して、20・315％の税金（所得税・住民税）、儲けの2割が税金でとられるのです。

ですがNISAでは、収益が丸ごと手元に残るのです。

数百万円もの差が出ることも…

たとえば、A株式で配当金10万円を受け取った場合、本来であれば2万315円もの税金がかかりますが、NISAでは税金が0円です。また、A株式が値上がりして売却益が100万円なら、20万3150円もの税金がかかりますが、NISAであれば、やはり税金は0円です。

新しいNISAを上手く活用することで、生涯で安くなる税金は、数万円、数十万円どころではなく、数百万円にもなる可能性もあるわけです。

用語解説

一般口座

自らで年間取引の損益を計算し、確定申告・納税を行わなければいけない課税口座のひとつ。

用語解説

特定口座

証券会社が年間取引の損益を計算してくれる課税口座。「源泉徴収あり」「源泉徴収なし」が選べる。

投資収益が非課税となる！

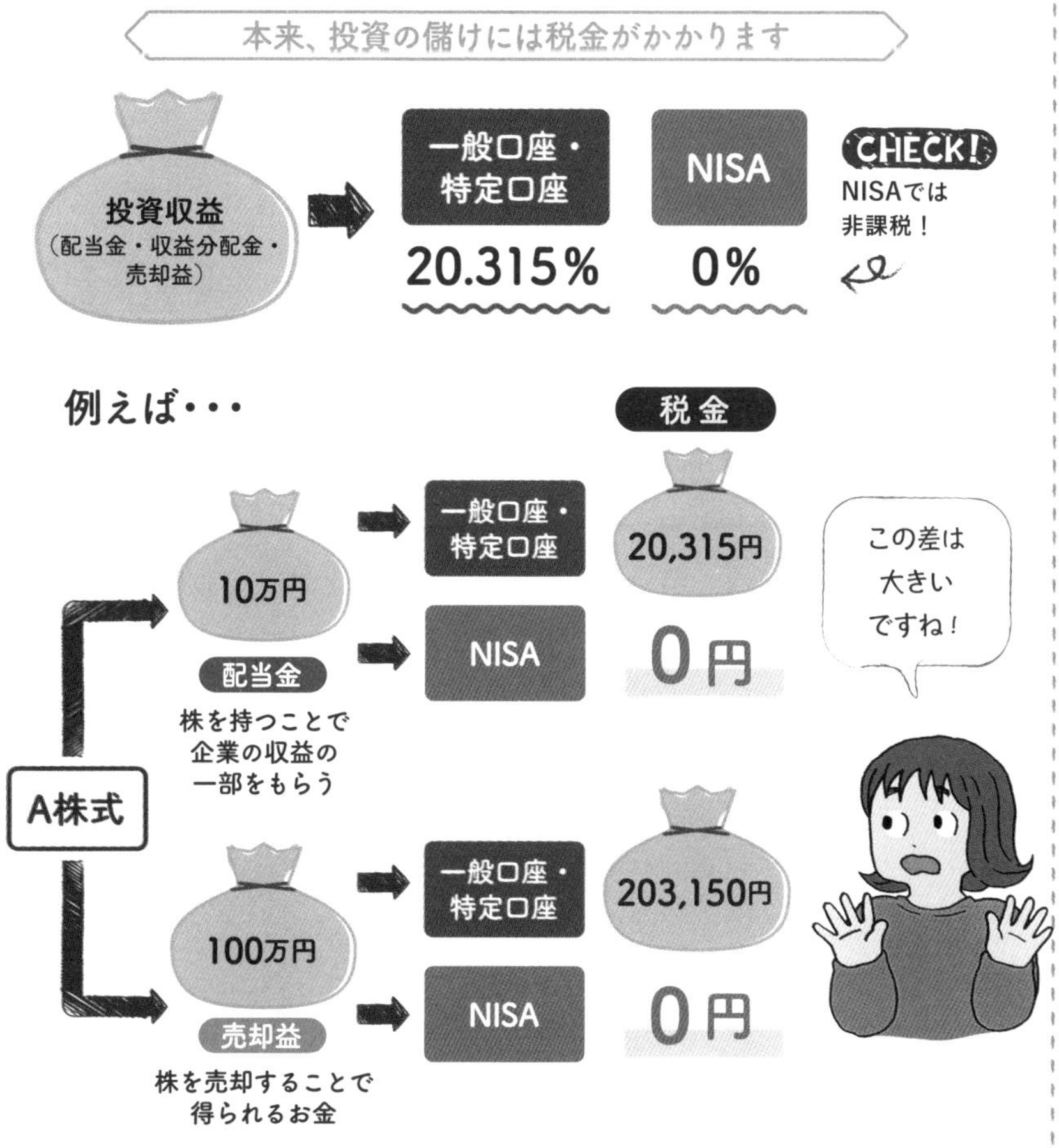

ポイント！

得した税金分をどうするか？

投資目的が、老後資金などであれば、得した税金分は、NISAで再投資するのがよいでしょう。税金が引かれず、手元に丸々残った収益を、再びNISAでの投資に回すことで、さらにお金を増やすことができます。

一方で、投資目的が決まっておらず生活に余裕があれば、人生を楽しむために、好きなことに使うのもよいでしょう。

いずれにせよ、「NISAのおかげで、これだけ税金が安くなった」ことを意識して利用できれば幸いです。

つみたて投資枠と成長投資枠は併用できる

2つの投資枠が同時に使える

2つの投資枠の特徴

新しいNISAには、「つみたて投資枠」と「成長投資枠」の2つの投資枠があります。

つみたて投資枠で投資できる商品は、金融庁が定めた「長期の積立・分散投資に適した一定の投資信託やETF」に限られていて、それ以外の商品には投資できません（64ページ参照）。

一方の成長投資枠で投資できる商品は、上場株式、投資信託、ETF、さらには外国株やREITなど、非常に幅広い商品が対象となっています（100ページ参照）。また、購入方法も自由に選べます。積立でも、スポット購入（好きなタイミングで、好きな金額で購入）でもかまいません。

2つの投資枠は併用できる

新しいNISAの大きな特徴は、「つみたて投資枠」と「成長投資枠」を併用できることです。

この2つの投資枠を併用することで、より多くの資金を非課税で運用できることはもちろんのこと、より自身のニーズに合わせた投資も可能となります。

旧NISAでは、つみたてNISAと一般NISAのうち、どちらか一方を選択しなければならず、使い勝手が悪かったことを思えば、これは非常に便利になったと言えるでしょう。

一言解説 成長投資枠の対象商品

上場株式については「整理・管理銘柄」が、投資信託については「毎月分配型・高レバレッジ型・信託期間20年未満」は除かれています。その理由は「リスクが大きい」や「長期投資に不向き」などと判断されたからです。

新しいNISAには2つの投資枠がある

旧NISA	つみたてNISA	× 併用不可	一般NISA
新しいNISA	つみたて投資枠	○ 併用可	成長投資枠
購入方法	積み立てのみ		積み立て・ スポット（一括）購入
対象商品	長期の積み立て・ 分散投資に適した 一定の商品 （投資信託やETF）のみ		上場株式・投資信託・ REITなど幅広い商品 （詳細は100ページ以降参照）
	老後資金や 将来の 目的資金のために 手堅くコツコツ 投資		多種多様な 商品を好きな タイミングで 投資

旧NISAでは
どちらか一方しか
選べなかった
んですよ

新しいNISAはどちらも使えるんですね！

ポイント！

成長投資枠でも積立はできる

成長投資枠を使って、つみたて投資枠の対象商品を、積立購入することは可能です。

成長投資枠では対象商品は広く、その商品のなかに「つみたて投資枠の対象商品も含む」からです。

ニーズによっては、そんな利用方法もアリですね。

非課税期間が無期限化

いつまでも、いつでも、非課税

▼いつまでも、非課税期間は続く

新しいNISAの非課税期間は無期限となっています。商品を購入してから、その商品を売るまで、ずっと非課税で運用することができるのです。

旧NISAでは、つみたてNISAが20年間、一般NISAが5年間と、非課税期間は期限付きでした。そして、その非課税期間が終了すれば、その時点の価格で売却するか、課税口座に移管するか、さもなくばロールオーバーをしなければなりませんでした。

旧NISAで非課税期間が期限付きであったことは、老後資金など、将来の目的のためにじっくりと備えることが難しく、大きなネックだったのです。

新しいNISAでは非課税が無期限化されたことで、30年でも50年でも、納得のいくまで、運用することができるようになりました。

▼いつでも、非課税投資を始められる

新しいNISAは、恒久的な制度となっていることも見逃せません。すなわち、いつでも好きなタイミングで口座開設をすることができて、NISAで投資を始めることができるということです。

旧NISAは、口座開設・新規投資が2023年までの時限措置だったことに対して、新しいNISAは「一生使える制度」なのです。

用語解説 ロールオーバー

非課税期間終了後に、その翌年の非課税投資枠を使って、引き続きNISAで保有し続けることができる旧NISAの制度（一般NISAのみ可能）。なお、2023年をもって旧NISAの新規投資は終了しました。

非課税期間が無期限！

	旧NISA		新しいNISA
非課税となる期間	20年間（つみたてNISA）もしくは5年間（一般NISA）	→	無期限に！
口座開設/新規投資	2023年まで	→	恒久化！

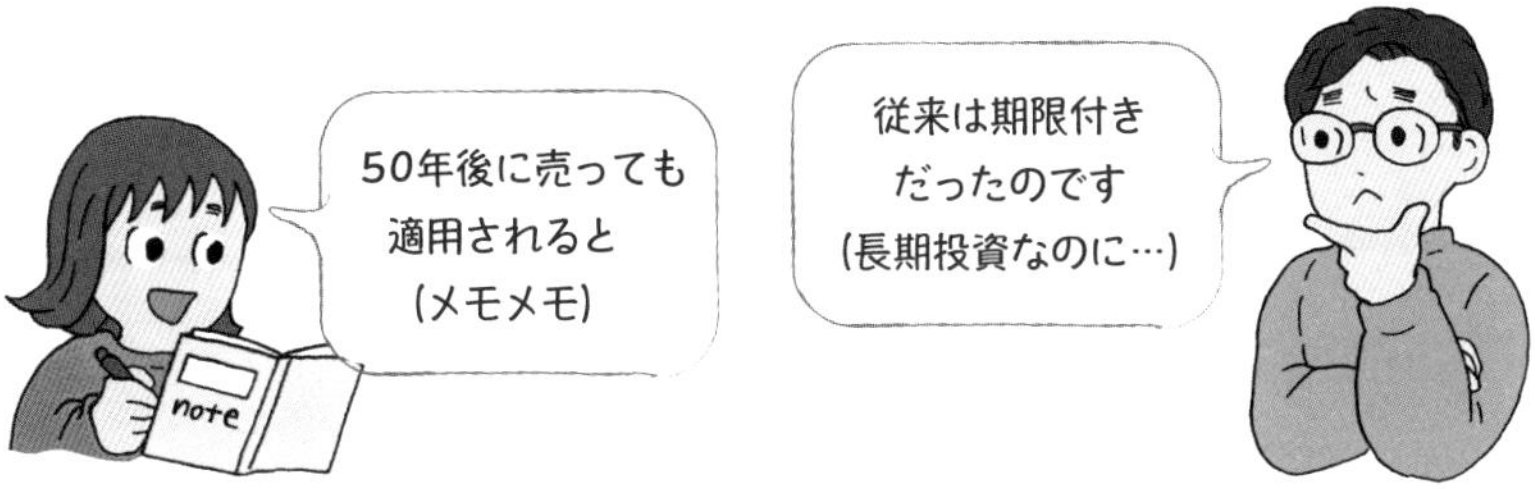
50年後に売っても
適用されると
(メモメモ)
note
従来は期限付き
だったのです
(長期投資なのに…)

いつでも使えるようになりました

ポイント！

先に口座開設だけでも

制度の恒久化によって、資金・時間・気持ちなどに今は余裕がなく、投資を始めることができなくても、NISAは逃げないので、安心ですね。

とはいえ、何かの拍子に突然、投資の必要性に目覚めるかもしれません(本書がきっかけとなれば嬉しいですが)。

そんなとき、すぐに行動できるよう口座開設だけでもしておくことをお勧めします。

新しいNISAは非課税投資枠が大幅拡充

年間360万円まで投資できる

120万円＋240万円＝360万円

新しいNISAでは、新規に投資できる金額は、年間で360万円までです。

その内訳は、つみたて投資枠120万円、成長投資枠240万円です。この2つの投資枠は併用できるので(20ページ参照)、年間360万円までNISAで投資できるということです。

ちなみに、旧NISAの年間の投資額は、つみたてNISAが年間40万円、一般NISAが年間120万円で、しかも、この2つは併用できませんでした。それと比べると、年間360万円は相当な金額です。これだけあれば、思い通りの投資ができるのではないでしょうか。

トータルでの非課税投資枠は？

新しいNISAでは、年間で最大360万円まで投資できて、そして、非課税期間は無制限となっています。しかし、10年で3600万円、20年で7200万円…と、際限なく非課税枠に投資できるわけではありません。

非課税で運用できるトータルな金額（生涯の非課税投資枠）は、最大で1800万円となっています。旧NISAの一般NISAの600万円（年間120万円×5年間）や、つみたてNISAの800万円（年間40万円×20年間）に比べて大幅アップとなっています。

次項にて、この1800万円について解説していきます。

一言解説　希望商品を積み立てる

つみたて投資枠の上限120万円を使い切っていても、成長投資枠を使って、つみたて投資枠の対象商品を、積立購入することは可能です(21ページ参照)。

すなわち、360万円をすべて、「つみたて投資枠の対象商品を、積立購入」に充てることもできるわけですね。

非課税投資枠が大幅に拡充！

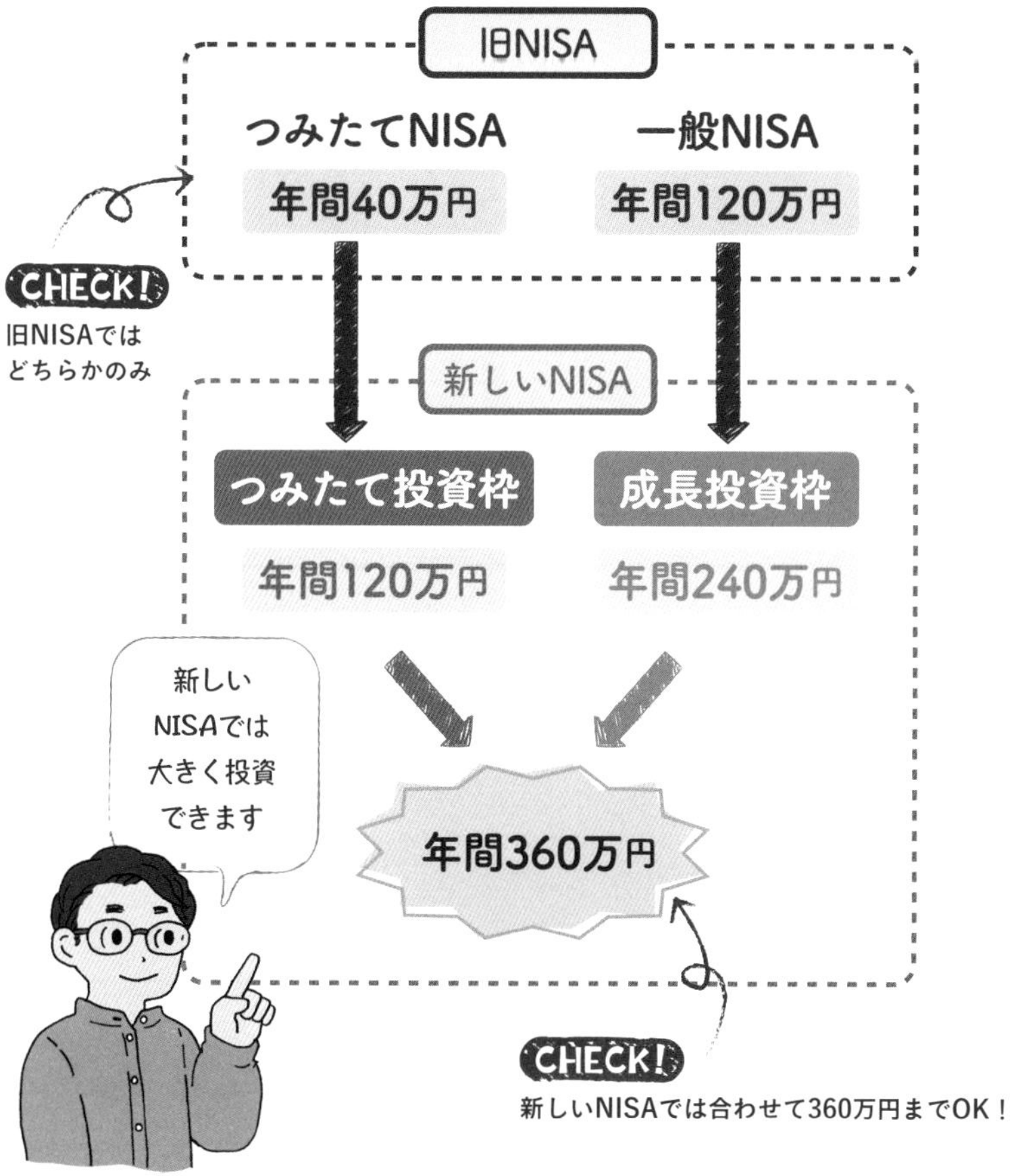

ポイント！

無理のない金額で投資を

この360万円はあくまでも「上限」であって、必ずしも、すべて使い切る必要はありません。

実際、年間360万円（毎月にすると30万円）もの金額を投資できる人など、かなり限られているでしょう。

それを、せっかく非課税で運用できるのだから…と、無理して投資することは好ましくありません。

NISAは恒久的な制度です。焦らずに、無理のない範囲での投資を心がけましょう。

新しいＮＩＳＡでは老後資金に対応できる

最大1800万円まで投資できる

老後資金2000万円問題は解決？

前項でも触れたように、新しいＮＩＳＡでは、最大で総額１８００万円まで非課税対象の枠として投資することができます。一時期、老後資金２０００万円問題が話題となりましたが、新しいＮＩＳＡを活用すれば、老後資金２０００万円はほぼ解決することができます。

なお、この１８００万円は投資元本（購入価格）での金額です。この金額をてこにそれ以上の金額を非課税で運用することができます。

成長投資枠は1200万円まで

１８００万円のうち、成長投資枠での投資は最大１２００万円までとなっており、成長投資枠だけで１８００万円を埋めることはできません。最大で活用したい場合はつみたて投資枠も利用する必要があります。一方で、つみたて投資枠には上限はありません。つみたて投資枠のみで１８００万円を埋めることは可能です。

ちなみに、この１８００万円は、生涯における非課税投資枠（最大で投資できる金額）であって、それとは別に前項で説明したように1年間に投資できる金額は３６０万円までです（24ページ参照）。

まとまったお金を使っての投資もありますが、コツコツと長い時間をかけて、この非課税投資枠を埋めていくのが一般的でしょう。

用語解説　老後資金2,000万円問題

金融審査会市場ワーキング・グループ報告書（2019年）による、「公的年金だけだと、老後資金が2,000万円不足する」との試算です。

最大1,800万円までNISAで投資できる

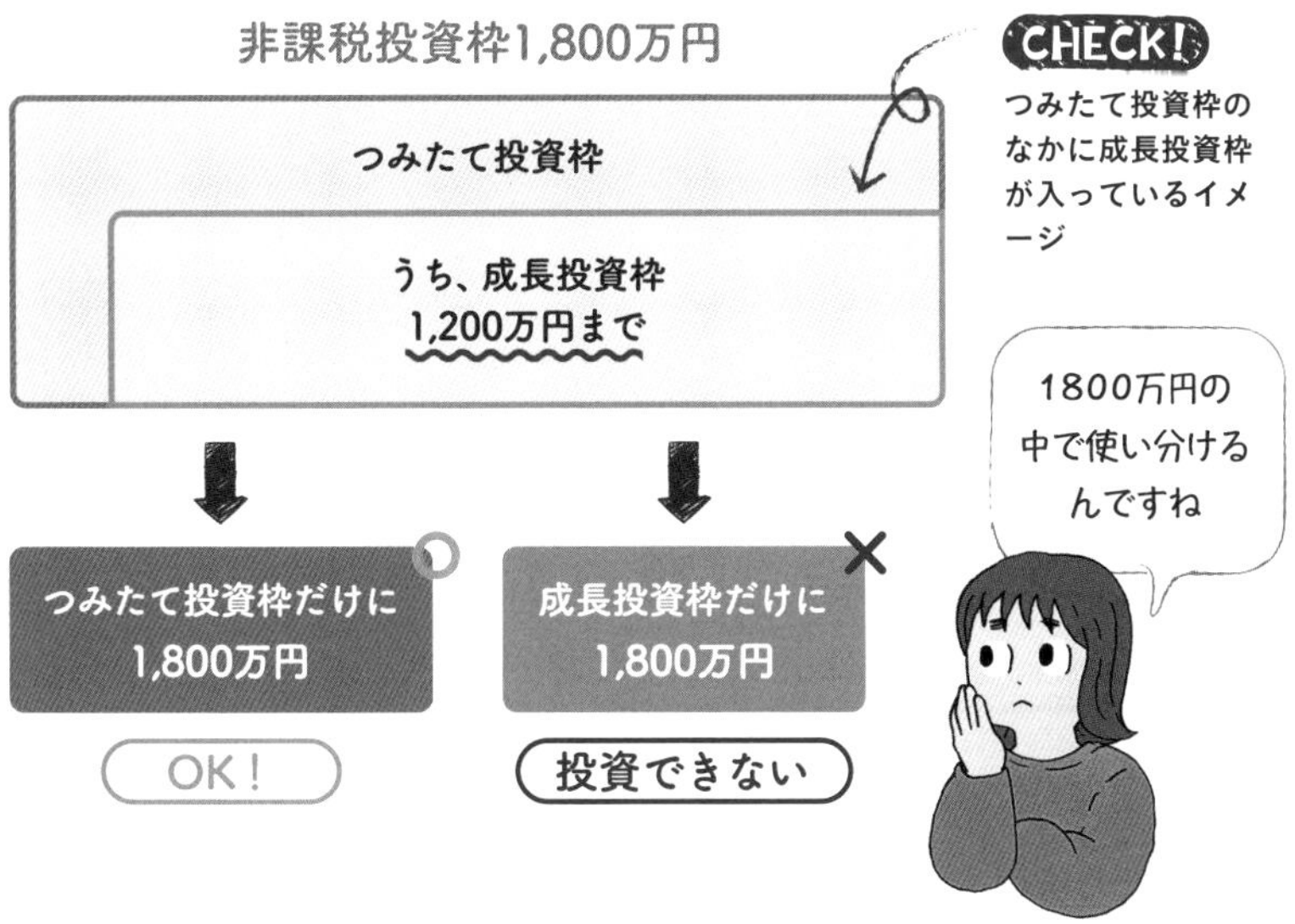

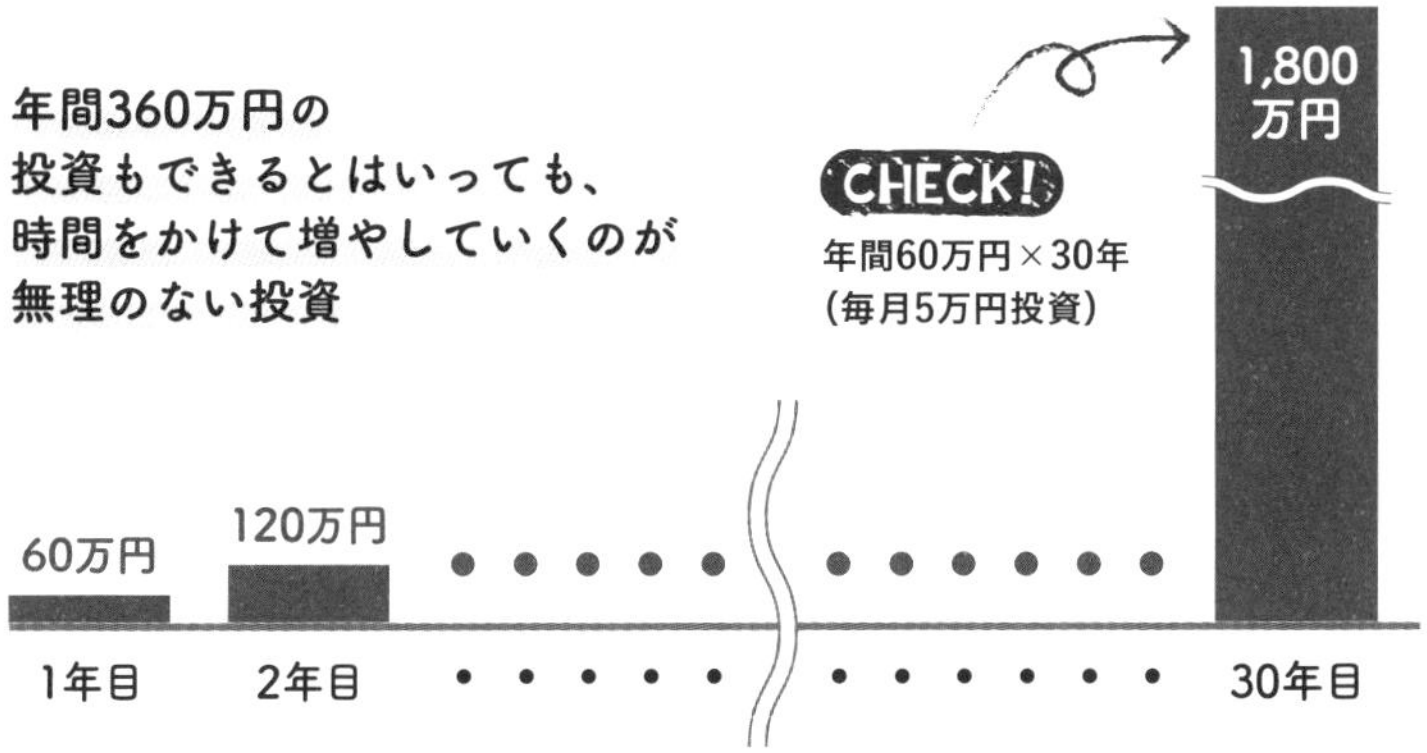

ポイント!

上限にこだわらない

年間非課税投資枠360万円と同様、この1,800万円もあくまでも「上限」であって、必ずしも、すべて使い切る必要はありません。せっかく非課税で運用できるのだから…と、身の丈以上の金額をNISAで投資してしまうと、思いもよらない事態となってしまうかもしれません。

上限まで埋めることにこだわらずに、無理のない範囲での(取れるリスクの範囲内での)投資を心がけましょう。

買った銘柄を売ることで枠がまた使える

非課税投資枠は再利用できる

▼売れば、非課税投資枠は復活する

新しいＮＩＳＡには、「売却すれば、非課税投資枠は復活する（再利用できる）」があります。

たとえば、投資信託Ａを１００万円分購入したとします。その後、この投資信託Ａを売却した場合、ＮＩＳＡの非課税投資枠は１００万円分空くことになり、来年再び利用することができるのです。

これが、非課税投資枠の復活（再利用）のしくみです。非課税投資枠の１８００万円を使い切っていても、商品を売却することで、その金額分だけ、翌年新たに商品を購入することができるのです。

なお、復活する枠は、売却価格分ではなく、購入価格分です。仮に投資信託Ａを１５０万円（値上がり）で売却しようが、50万円（値下がり）で売却しようが、復活する枠は、購入価格である１００万円となります。

▼銘柄の入れ替えや、急な入用にも対応できる

このしくみでＮＩＳＡ口座内の銘柄の入れ替えがやりやすくなります。購入した後にも、状況に応じて、「とりあえず売って、余裕ができたら、また買い戻して…」と、気兼ねなく売買することができます。

旧ＮＩＳＡと比べて新しいＮＩＳＡの使い勝手は格段に良くなったと言えるでしょう。

一言解説 復活する時期

売却した分の非課税投資枠が復活するのは、売却した翌年となります。

非課税投資枠は復活する！

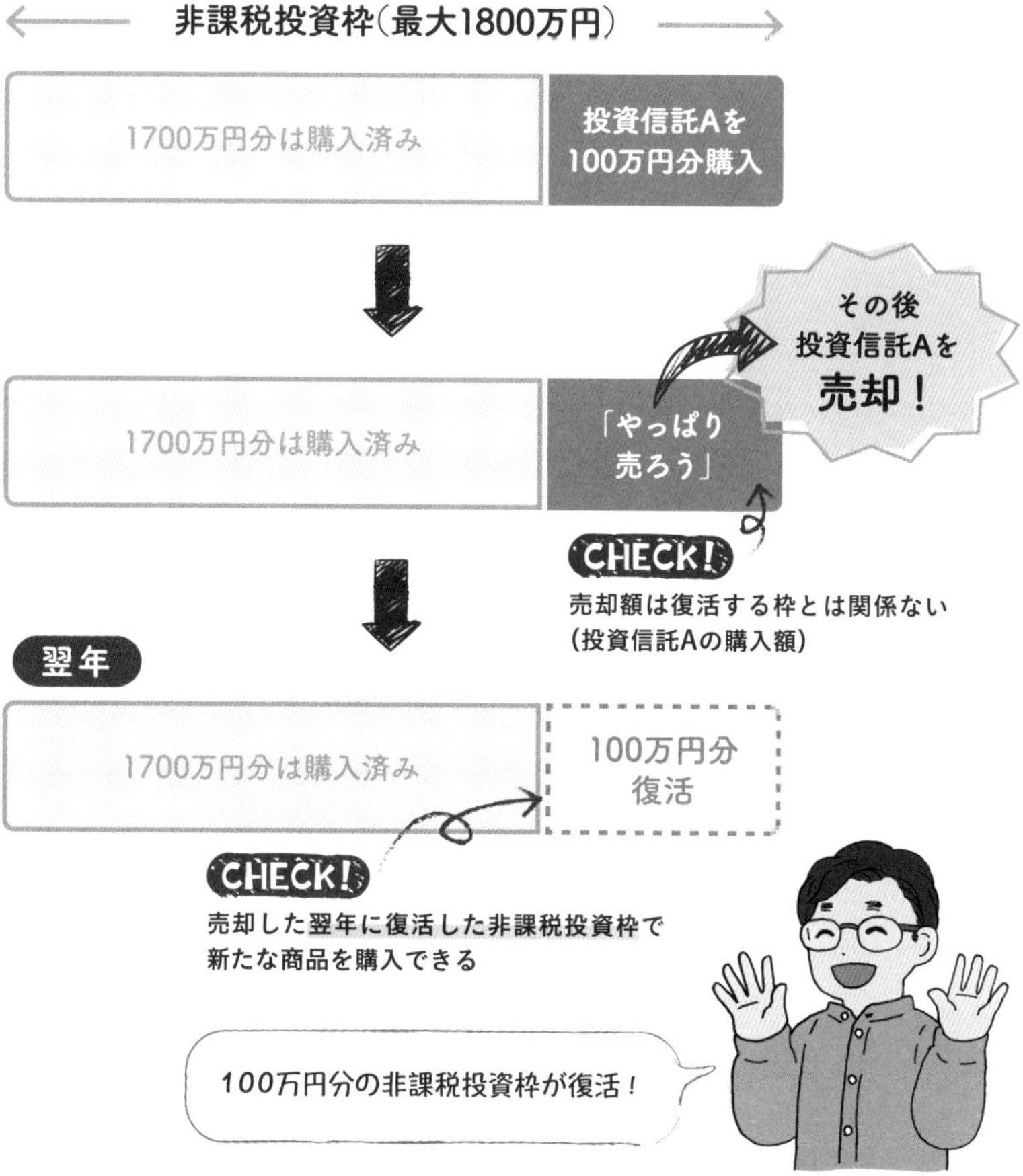
非課税投資枠（最大1800万円）
1700万円分は購入済み
投資信託Aを100万円分購入
1700万円分は購入済み
「やっぱり売ろう」
その後 投資信託Aを 売却！
CHECK!
売却額は復活する枠とは関係ない（投資信託Aの購入額）
翌年
1700万円分は購入済み
100万円分 復活
CHECK!
売却した翌年に復活した非課税投資枠で新たな商品を購入できる
100万円分の非課税投資枠が復活！

ポイント！

短期売買の誘惑に注意

新しいNISAではこまめな売買が可能なため、短期売買でより大きな利益を狙うことができるようになっています。
しかし、短期売買でコンスタントに利益を積み重ねることは至難の業です。経験のある人でも失敗します。損をしたら取り戻そうとさらなる損を招いてしまう恐れもあります。大事なお金です。誘惑に惑わされずに長期投資でじっくり構えることをお勧めします。

ＮＩＳＡの唯一のデメリットとは？

損失発生時には、不利になることも

課税口座の利益と、損益通算できない

とてもお得なＮＩＳＡですが、その唯一と言ってもよいデメリットが、「損失が出たときに、損益通算が使えない」ことです。

たとえば、ＮＩＳＡで購入した投資信託Ａに、その年１００万円の売却損が出たとしましょう。その一方で、課税口座で購入した投資信託Ｂで、１００万円の売却益が出たとします。

投資信託Ａを課税口座で購入していれば、投資信託Ａの売却損と投資信託Ｂの売却益とを併せることで、損益通算（トータルで損益を考える）することができます。この方法だと、投資信託Ｂの売却益には、税金がかからないこともあります。課税口座では損益を通算することができるのです。

しかし、ＮＩＳＡ口座と課税口座では損益通算はできません。ＮＩＳＡで買った投資信託Ａの売却損は、課税口座の投資信託Ｂの売却益とは損益通算ができずに、投資信託Ｂの売却益に税金がかかってしまうのです。

これはＮＩＳＡが非課税だからです。非課税なので、損をしたから確定申告で控除するということはＮＩＳＡではできないのです。繰越控除も同様の理由でできません。

「ＮＩＳＡでの損失」と「課税口座での利益」が、同じ年に発生した場合は不利となってしまうのがＮＩＳＡ唯一のデメリットです。

用語解説

繰越控除

損益通算しても損失が残る場合、一定要件のもと、その損失を、翌年以降の利益と相殺すること。ただし、確定申告が必要となる。

用語解説

損益通算

同じ年に発生した損失と利益を相殺（差し引き）して、利益の金額を減らすこと。課税口座のみ行うことができる。

NISA唯一のデメリット

課税口座(一般・特定口座)

投資信託A
－100万円の損

投資信託B
＋100万円の利益

↓

0円

損益通算が可能

課税口座同士なら
税金をゼロに
することが
できます

※一般口座もしくは、異なる金融機関の特定口座同士で損益通算をするには、確定申告が必要
※利益の方が大きければ残った利益に課税される
※損失が大きければ、残った損失は繰越控除され、翌年の利益と相殺できる(最高3年間)

NISA口座

投資信託A
－100万円の損

課税口座(一般・特定口座)

投資信託B
＋100万円の利益

損益通算できない

CHECK!
課税口座なので
税金20.315%かかる

203,150円
の税金が
かかって
しまいます

ポイント!

デメリットを避けるには?

このデメリットの回避策は、「NISAでは損失を出さないこと」ですが、それができれば苦労しません。

投資をする以上、完全に損失を避けることは不可能ですから。

しかし、長期・分散投資を意識して、リスクを抑えた手堅い運用によって、損失の可能性を減らすことは可能です。

NISAでは、極力、このデメリットを避けるためにも、そのような投資を心がけたいものですね。

NISAは簡単に始められる

始めるのに年齢以外の条件はいらない

18歳以上なら、誰でもOK

ＮＩＳＡ口座は、18歳以上であれば、職業などの条件は一切なく、誰でも口座を開設できます。まずは、「ＮＩＳＡを始めたい」との思いがあればOKなのです。

ＮＩＳＡ口座は、銀行や証券会社で開設することになります。

ほとんどの人は銀行に口座をお持ちだと思いますが、もし、普段使っている銀行でＮＩＳＡ口座を開設するのなら、その窓口（もしくはネット経由）で申し込むこともできます。

しかしながら、第2章で詳しく解説しますが、口座の開設は、銀行よりも証券会社の方が商品ラインアップが豊富で、多彩な注文もできるので、証券会社での開設をお勧めします。

旧ＮＩＳＡは24年以降どうなる？

すでにＮＩＳＡ口座を持っている人（２０２３年以前にＮＩＳＡ口座を開設した人）は、手続きは必要ありません。

旧ＮＩＳＡ口座を開設している銀行・証券会社で、自動的に、新しいＮＩＳＡ口座が開設されています。

もし旧ＮＩＳＡで保有している商品があれば、２０２４年以降も、非課税期間が終了するまで、そのまま保有し続けることができます。

旧ＮＩＳＡと新しいＮＩＳＡは口座が別枠なので、新しいＮＩＳＡの非課税投資枠が減るなどの影響はありません。

一言解説　旧NISAは24年以降も保有はできる

2023年に旧NISAで購入した商品は、つみたてNISAなら2042年まで（20年間）、一般NISAなら2027年まで（5年間）、売却しない限り、旧NISAで保有し続けることができます（しかも非課税）。

NISAを始めるには・・

NISA口座は金融機関で開設する

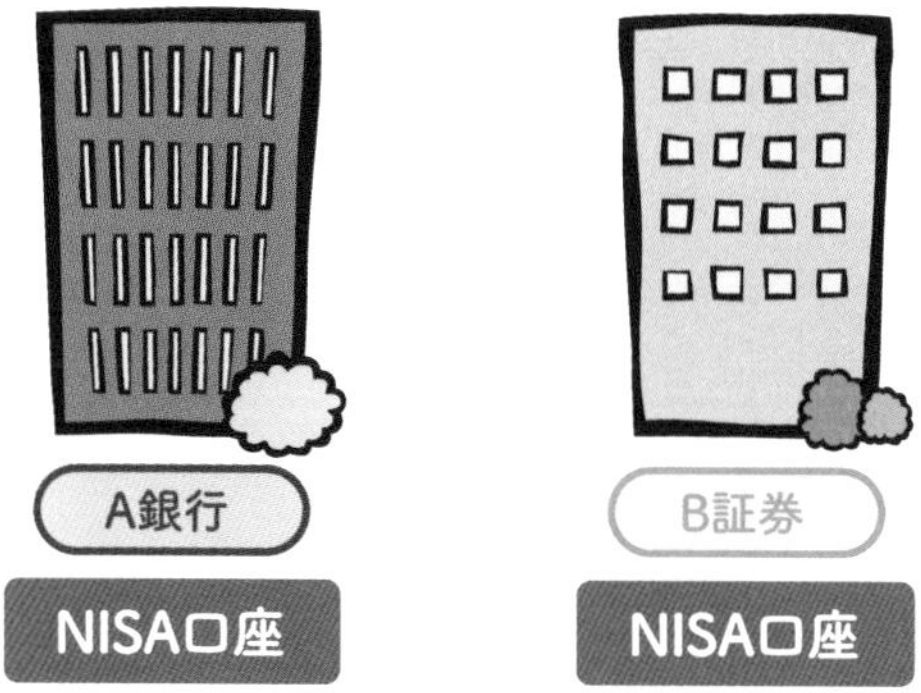
A銀行
NISA口座
B証券
NISA口座

NISA口座は、証券会社・銀行、ゆうちょ銀行、保険会社などで口座を開設できます。

知っている
銀行で
いいのかしら？

できれば
証券会社で
開くのがいいですよ
詳しくは第２章で！

ポイント！

旧NISAの商品を、非課税で持ち続けるには？

旧NISAで保有する商品を、新しいNISAに移管することはできません。

また、旧NISAの非課税期間が終了した後に、新しいNISAにロールオーバーをすることもできません。

旧NISAの商品をずっと非課税で持ち続けたいのなら、いったん売却して、新しいNISAで買い直す必要があります。

売却した後、タイミングを見計らって、安くなったタイミングで買い直すことができればいいのですが、それはなかなか難しいもの。買い直すタイミングを計っているうちに、値上がりして、買えなくなってしまうかもしれません。

なので、旧NISAでの売却と同時に、新しいNISAで買いなおすのが確実でしょう。

NISAで十分投資結果がだせる！

NISAだけでも投資を始めよう

▼節税効果では、iDeCoに軍配

iDeCo（個人型確定拠出年金）とは、自らの運用で年金を作り出す、節税効果の高い私的（個人）年金制度のことです。

「投資収益が非課税となる」点はNISAと同じですが、「投資額（掛金）が所得控除の対象となる」ことから、所得税と住民税が安くなります。また、年金の受取時には「退職所得控除」や「公的年金等控除」が使えるので、ここでも税金面で有利となります。節税効果を見れば、iDeCoに軍配が上がります。

▼それでも、NISAを勧める理由

しかし、次の点から、投資初心者にはNISAをお勧めします。

iDeCoはNISAよりも管理手数料など手数料がかかりやすく、投資できる商品の選択肢は多くありません。また、原則60歳まで引き出せない点も、いつでも自由に出金できるNISAに比べると不安な点があります。

さらに加入や転職や退職などによる変更手続きも面倒です。また、iDeCoの掛金の上限は職種によって異なりますが、細かく設定されている点もわかりづらいと言えます。

はじめての投資なら、NISAの方が、「お手軽で、分かりやすく、選択肢が多く、自由度が高い」と言えます。

一言解説 控除の節税効果

所得税率は、所得が上がるほど高くなるため、所得が高い人ほど、iDeCoの「所得控除」による節税効果は高くなります。一方で、専業主婦や無職の人など、所得のない人（もしくは極端に低い人）は、「所得控除」による節税効果はそれほど見込めません。

NISAとiDeCoの比較

		iDeCo	NISA
節税効果	運用時	投資収益が非課税	
	拠出時	全額が所得控除	
	受取時	退職所得控除・ 公的年金等控除	
手数料		加入時手数料 2,829円 管理手数料（年間） 2,052円～	無料
対象商品		投資信託中心に 20～30本程度 ※運営管理機関（窓口金融機関）によって種類・数は異なる ※NISAにはない「元本確保型」もある	●つみたて投資枠 一定基準を満たした投資信託 ⇒250本程度の見込み（2023年11月現在） ●成長投資枠 上場株式、投資信託、ＥＴＦなど ⇒10,000銘柄以上
掛金上限（年間）		14.4万円～81.6万円 職種による異なる	つみたて投資枠 120万円 成長投資枠 240万円
出金		原則60歳まで不可 ※加入期間10年以下の場合、さらに出金可能年齢は上がる	いつでも自由
手続き		面倒※とくに転職・退職時	簡単

CHECK!
iDeCoの方が、
節税面では
有利だが・・・

CHECK!
NISAの方が、
選択肢が広くて、
自由度が高く、
分かりやすい

NISAで十分

はじめての投資ならNISAからがお勧めです。
ですがNISAの枠を使い切りそうなら、
iDeCoも考えるというのもありかもしれません

ポイント！

いつでも引き出せるNISAが使いやすい

「原則60歳まで出金できない」は、一見、デメリットですが、「途中で引き出したい誘惑に駆られても、引き出せない」ことは、「強制的に、年金（老後資金）に備えることができる」と、ポジティブにとらえることもできます。もっとも、NISAでも、年金（老後資金）として備えることはできるわけです。であれば、やはり「いざというとき、いつでも引き出せる」NISAの方が自由度は高く、使いやすいと言えるでしょう。

Cloumn 1

投資における、リスクの意味

▼リスク=危ない、ではない

投資でよく耳にする「リスク」という言葉ですが、投資の世界では我々が普段使っている意味合いと異なります。

日常生活でのリスクとは「危ない」「危険」という意味で使われることが多いのですが、投資の世界のリスクとは**「値動きのブレ幅」「収益の不確実性」**を指します。

たとえば、一般的に株式はリスクが大きいと言われていますが、これは、株式は値動きが大きく、そして、収益の予測が難しいということなのです。

▼リスクは、必ずしも悪いものではない…

つまり、リスクが大きいということは、大きな損失を被る可能性は高いものの、同時に、大きな収益が得られる可能性も高いということです。

リスクが大きいことは、必ずしも悪いこと、避けるべきこととは限らず、リスクが大きい運用を好む人もいるわけです。ただ、あまりにもリスクが大きい運用は、ギャンブル的要素が大きく、お勧めできるものではありません。

少なくとも、ＮＩＳＡのメインとなるつみたて投資枠での運用では、リスクは極力抑えた手堅い運用を心がけたいものです。

PART 2

第2章

NISA口座は
どこで開くのがいい？
↓それは証券会社です！

インターネットに強い証券会社を選ぶ

銀行よりも証券会社で口座開設を

前述しましたが、NISA口座を開設するのは、**銀行よりも証券会社をお勧めします。**

NISAはいくつかの金融商品を購入することができますが、銀行では投資信託しか取り扱っていません。証券会社では投資信託以外に、株式、ETF、REITも取り扱っており、また、取り扱っている投資信託の種類も、銀行よりも断然多く、銀行で扱っている投資信託は、たいてい証券会社でも買うことができます。

すなわち、証券会社の方が、選択できる商品の幅が、銀行よりもはるかに広いのです。

最初は投資信託だけでも、将来、株式投資に興味が出てくるかもしれません。しかし、銀行では株は買えないので、証券会社で口座を開かなければなりません。

ネット証券を選びたい

証券会社では、インターネットに強い**ネット証券をお勧めします。**

その理由は、手数料の安さ、さらに取扱商品の豊富さや、提供するサービスも、ネットに特化している分、店舗も運営している証券会社よりも優れている面があります。

第2章では、ネット証券の選び方、そして、口座開設、お金の入出金、商品購入など、具体的に画面を使って解説していきます。

一言解説 NISA口座は、1人1口座

NISA口座は1人1口座なので、NISA口座を開設できる金融機関もひとつだけです。

1年毎に金融機関の変更はできますが、その手間とそれ以前に購入した商品が移せないなど現実的ではありません。基本的に同じ金融機関を今後も使い続けることを前提に、慎重に選びたいものです。

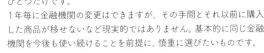

ネット系の証券会社を選ぶのがいいようです

大手ネット証券の一例

CHECK!

この4社がいわゆる大手ネット証券。業界トップクラスの規模・知名度・サービス内容を誇る

SBI証券 https://www.sbisec.co.jp/	●口座数国内No.1 ●外国株の種類が多い
楽天証券 https://www.rakuten-sec.co.jp/	●楽天経済圏に必須 ●楽天ポイントが貯まる・使える
マネックス証券 https://www.monex.co.jp/	●1999年設立の歴史 ●米国株、中国株に強み
auカブコム証券 https://kabu.com/	●Pontaポイントが貯まる・使える

次項以降、上記４社のネット証券を、
「手数料」「商品ラインアップ」
「使い勝手（サービス内容）」の面から比較します

証券会社を手数料から比較する

証券会社の手数料は安いが一番！

▼商品は同じでも、手数料は異なる

投資信託を購入する際には、その販売窓口となる証券会社に**販売手数料**（68ページ参照）を支払います。

また、上場株式（ETF、REIT含む）の売買では、注文を発注する証券会社に**株式売買手数料**を支払います。

そして、この手数料の体系・金額は、証券会社によって異なります。

投資信託や株式といった商品そのものは、どの証券会社で購入しても同じですから、**手数料は安いに越したことはありません。**

手数料の多寡は、運用成績に直接影響します。運用成績そのものはコントロールすることはできませんが、手数料が安い（もしくは無料）証券会社を選ぶことで、確実に運用成績にプラスの効果が得られます。

▼大手ネット証券は、ほとんど無料

左の図表のように、大手ネット証券では、NISA口座に限らず、投資信託の販売手数料はすべて無料となっています。

また、株式売買手数料は、NISA口座であれば無料です。ただし、NISA口座以外で株式を売買する可能性がある場合には、証券会社によっては売買手数料がかかる場合もあるので、本来の売買手数料をしっかり確認しておきましょう。

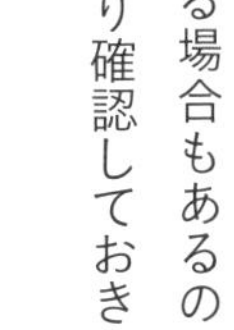

一言解説　取引毎コースと定額コース

多くの証券会社では、NISA以外の口座で株式などの金融商品を購入する場合、1回の取引毎に手数料がかかるコースと、1日の総取引金額に応じて（何回取引しても）一定金額となるコースがあります。自身の取引スタイルによってこれらを使い分けます。

手数料で証券会社を選ぶ

手数料のイメージ

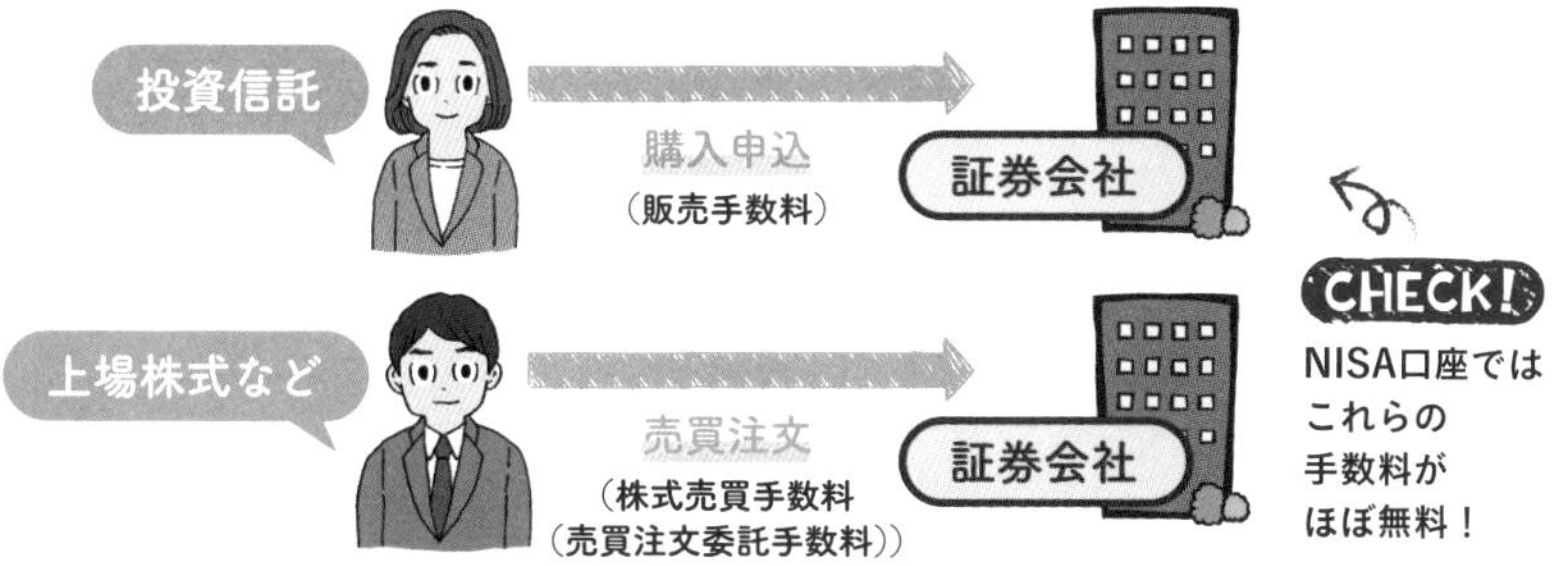

大手ネット証券の手数料比較

		SBI証券	楽天証券	マネックス証券	auカブコム証券
投資信託販売手数料		無料			
株式売買手数料	NISA口座	無料			
	通常（課税口座）	無料	無料	取引毎：55円〜 一日定額：550円〜	取引毎：55円〜 一日定額：100万円以下は0円 100万円超2,200円〜
	1株売買	S株 無料	かぶミニ 無料	ワン株 買付：無料 売却：0.55%	プチ株 0.55%
外国株式売買手数料※1（米国株の場合）		新しいNISAでは無料の予定※2			

※1 円貨決済の場合、為替手数料がかかる　※2 課税口座では0.495%
※2023年11月時点の情報

ポイント！

1株単位の売買

株式の売買単位は100株単位ですが(105ページ参照)、1株単位で売買できる独自のサービス(1株売買)を取り扱っています。銘柄によっては、100株単位だと数百万円必要なものもあるので、値嵩株(株価の高い銘柄)を売買したいときよいでしょう。

★ETF、REITの手数料は、株式売買手数料と同じ

★手数料の詳細は、各証券会社のHPで最新のものをチェック

商品ラインアップから証券会社を比較する

投資したい商品があるかで選ぶ

▼本数よりも、「投資したい商品」があるのか

国内の投資信託は約6000本あり、そのうちNISAの成長投資枠の対象は約2000本、つみたて投資枠の対象は、さらに絞られた250本程度になる見込みです。

当然ながら、NISAにおいては、まずは、各社のNISA対象商品を確認します。ラインアップが充実している大手ネット証券でも、成長投資枠では、それなりの差があります。

ただ、商品の種類は各社異なるので、取扱本数が多い証券会社でも、扱っていない商品もあります。

投資信託の取扱本数は選択の幅が広がるので大切ですが、それよりも、「**自分が投資したい商品を取り扱っているか**」を重視しましょう。

▼株式は外国株式で差がでてくる

証券会社であれば、国内株式の取り扱いは基本的には変わりませんが、**外国株式では大きな差**があります。

大手ネット証券の多くは、米国・中国株式は取り扱っていますが、それ以外の国の株式となると差がでてきます。また、NISAはIPOを購入することができますが、そこでも取り扱いの差がみられます。外国株式やIPOに興味のある人は、そのあたりも確認して選びたいところです。

用語解説 IPO

新規公開株ともいい、初めて株式を取引所に公開する（上場する）こと。成長著しい企業が多く、初値（上場して初めて付ける株価）が高騰するケースも少なくありません。上場前に購入するには抽選に当選する必要があります。

取り扱い商品で証券会社を選ぶ

大手ネット証券の取扱商品ラインアップ

CHECK!

投資信託は年間200～300本、新規設定されており、各社の取扱本数は増加傾向にある

	SBI証券	楽天証券	マネックス証券	auカブコム証券
投資信託（全体）	2597	2555	1609	1702
投資信託（成長投資枠対象）	1121	1085	952	908
投資信託（つみたて投資枠対象※1）	211	204	200	206
株式	東京・名古屋・札幌・福岡証券取引所上場銘柄※2			
外国株式	米国・中国・韓国・タイ・マレーシア・シンガポール・インドネシア・ベトナム・ロシア	米国・中国・タイ・マレーシア・シンガポール・インドネシア	米国・中国	米国
IPO取扱銘柄数実績（2023年1月～10月）	74	44	44	19

※1 つみたてNISAの対象商品は、新しいNISAのつみたて投資枠に引き継がれる
※2 楽天証券のみ、札幌証券取引所・福岡証券取引所の単独上場銘柄の取扱はない
※2023年11月時点の情報（投信検索画面で表示される本数）

★投資信託・外国株式・IPOのいずれの項目も、SBI証券と楽天証券の充実振りが目を引く。取扱数の最新データについては各証券会社のHPで確認できる

ポイント！

米国株での投資

外国株式の中でも、最も取扱銘柄数が多く、情報収集しやすいのが米国株です。上表のとおり、いずれの大手ネット証券でも米国株は取り扱っています。外国株式に投資をするのなら、世界の経済をけん引する米国株を検討するのがよいでしょう。

取扱数ではSBI証券と楽天証券が多いんですね！

04

証券会社選び

使い勝手とサービスから証券会社を比較する

ポイントが付く証券会社を選ぶ

▼積み立ては、クレカ決済がお得

NISAの基本は「投資信託の積み立て」になりますが、大手ネット証券では、いずれも100円から積み立てられるなど、売買においてはその使い勝手に大きな差はありません。

そこで注目したいのが、購入するときなどに付くポイントの**還元率**です。

ネット証券で投資信託を積み立てる際、クレジットカードを使って購入することができます。積立額の一定割合がポイント還元され、その還元率は各社で異なります。

相性の良い（還元率の高い）クレジットカードは各社で異なるので、そのクレジットカードの種類も、証券会社選びの基準となります。

▼ポイントを貯める、そして使う

投資信託の保有残高に応じても、ポイントが貯まります。積立時の還元率に比べると低いですが、長期投資においては無視できません。

また、株式売買などの取引や、新規口座開設でもポイントは貯まりますが、NISAでは、まず「クレカ積立と投資信託保有残高」の還元率を確認しましょう。なお、貯められるポイントの種類は、各証券会社で異なります（左表参照）。**貯めたポイントで投資信託や株式を購入**できるのでより資産を増やすことができます。

一言解説 ポイント投資で増やす

貯めたポイントで株式や投信信託を購入することを「ポイント投資」と言い、現金を使うことなく気軽に投資をすることができます。なお、投資で貯めたポイントでなくても、証券会社が対応していれば普段の買物で貯まっているポイントでも「ポイント投資」はできます。

使い勝手とサービスで選ぶ

使い勝手（サービス内容）の項目

- **注文方法の種類が多い**
  ➡指値注文や成行注文以外にも、逆指値注文、W指値注文、リレー注文などがある※
- **入出金のしやすさ⇒提携銀行数、リアルタイム入金の対応など**
- **注文の有効期限や受付時間も長い**
- **売買ツールやスマホアプリが充実している**

CHECK!

頻繁に売買する人にはいずれも重要な項目だが、「長期のつみたて投資」を基本とするNISAでは、大きく気にする必要はない

※NISAでの注文は制限がある（104ページ参照）

つまりこのあたりは
好みと・・・

大手ネット証券のポイントサービス比較

	SBI証券	楽天証券	マネックス証券	auカブコム証券
各種取引で貯まるポイント※1	Vポイント、Tポイント、Pontaポイント、dポイント、JALマイル	楽天ポイント	マネックスポイント	Pontaポイント
投資に使えるポイント※2	Vポイント、Tポイント、Pontaポイント	楽天ポイント	マネックスポイント	Pontaポイント
還元率（投資信託積立時）	最大5%	最大1%	最大1.1%	最大3%（12カ月限定）
積立時の最大還元率のクレカ	三井住友カードプラチナプリファード	楽天プレミアムカード	マネックスカード	auPAYカード
還元率（投資信託保有時）	月間平均保有残高1,000万円未満年間最大0.15% 1,000万円以上年間最大0.25%	残高がはじめて基準金額に達したときに、その金額に応じて10～500ポイント	月間平均保有残高に応じて、年間最大0.08%	月間平均保有残高100万円未満年間最大0.05% 3,000万円未満年間最大0.12% 3,000万円以上年間最大0.24%

※1 金融商品の購入、投資信託の保有など、証券会社によって異なる
※2 金融商品の購入など、証券会社によって異なる
※2023年11月時点の情報

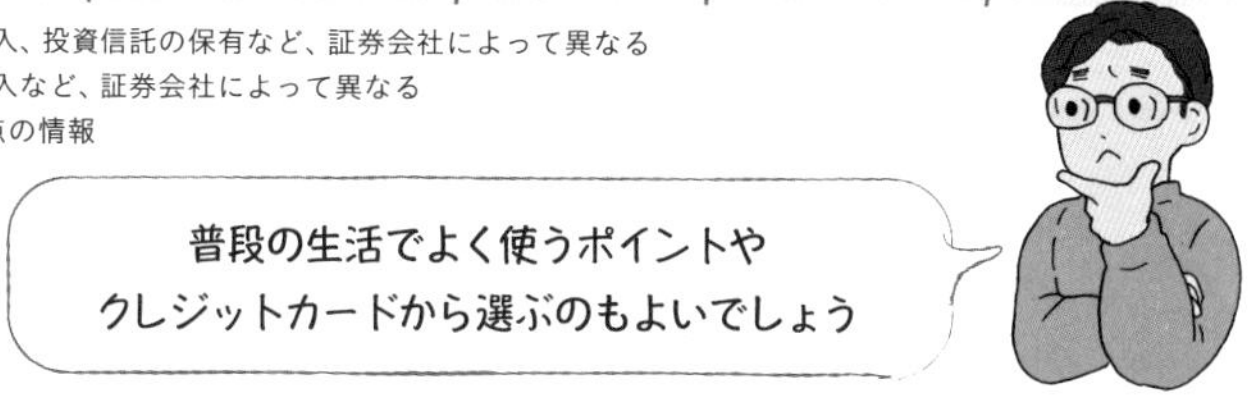
普段の生活でよく使うポイントや
クレジットカードから選ぶのもよいでしょう

NISAの口座を開設しよう

新しいNISA口座を開設する

実際の画面を通して、NISA口座の開設方法を解説します。

ここではSBI証券の「新しいNISA」口座開設画面を通して解説しますが、旧NISA（つみたてNISA）の申込手続きになります（2023年12月現在）。

新しいNISA口座を直接開設する申込手続きは2024年1月1日からできるようになりますが、ここで口座を開設しても、2024年になった時点で、手続きなしで自動的に新しいNISAの口座が開設されます。あらかじめご了承ください。

SBI証券での口座開設の申し込み

本書のNISA口座の開設は、NISA口座を保有していない人のために、SBI証券のPCサイト画面を使って説明していきます。そのため一般口座、特定口座といった総合口座（課税口座）も併せて開設します。

まず、画面を進め、メールアドレスを登録し、そのアドレスに送られてきた認証コードを入力します。次に画面の案内に従い、各種情報の入力、規約の確認、本人確認書類の送付を行います。

後日、送られてきたパスワードを使いログインをして、銀行口座の登録などの初期設定をすれば、取引を始めることができます。

一言解説 ログイン後の銀行口座の登録

初期設定で行う銀行口座の登録は振込先として使用する金融機関の口座です。

ログイン後、「お客さま情報設定・変更」の「振込先金融機関口座」で登録を行います。

SBI証券での総合口座&NISA口座開設の流れ

① SBI証券のトップページを開く

https://www.sbisec.co.jp/ETGate

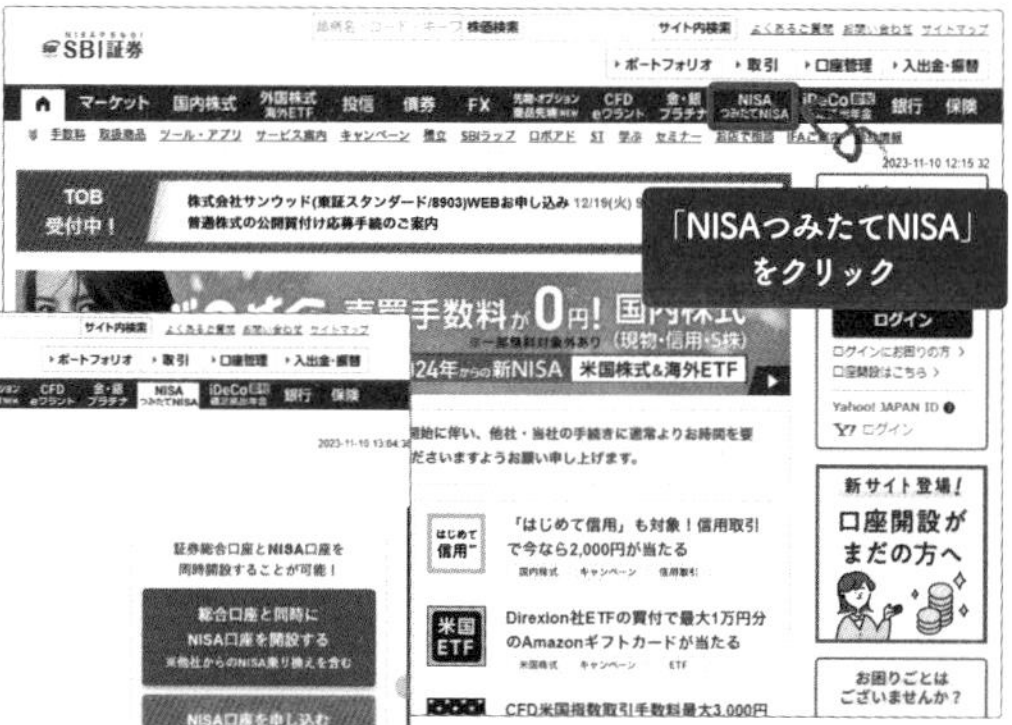

SBI証券のトップページから画面上部にある「NISAつみたてNISA」をクリックします。

② 「新しいNISA」口座開設案内画面

「総合口座と同時にNISA口座を開設する」をクリックします。

③ メールアドレスの登録

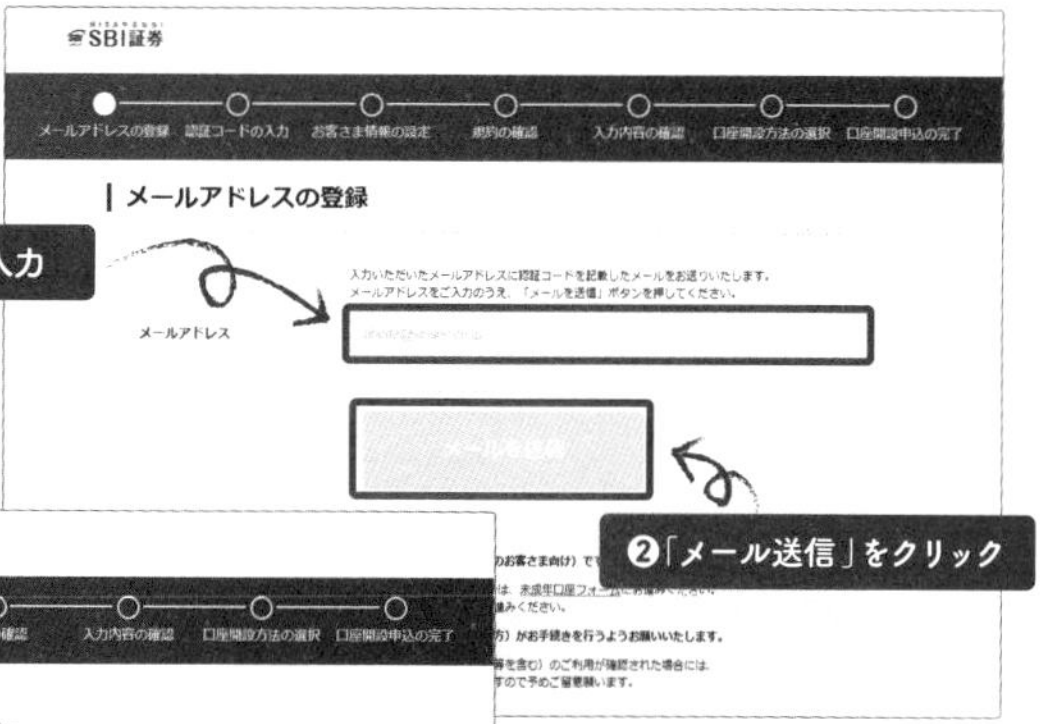

❶メールアドレスを入力後、❷「メールの送信」をクリックするとSBI証券から登録したメールアドレス宛にメールが届きます。

④ 暗証コードの入力

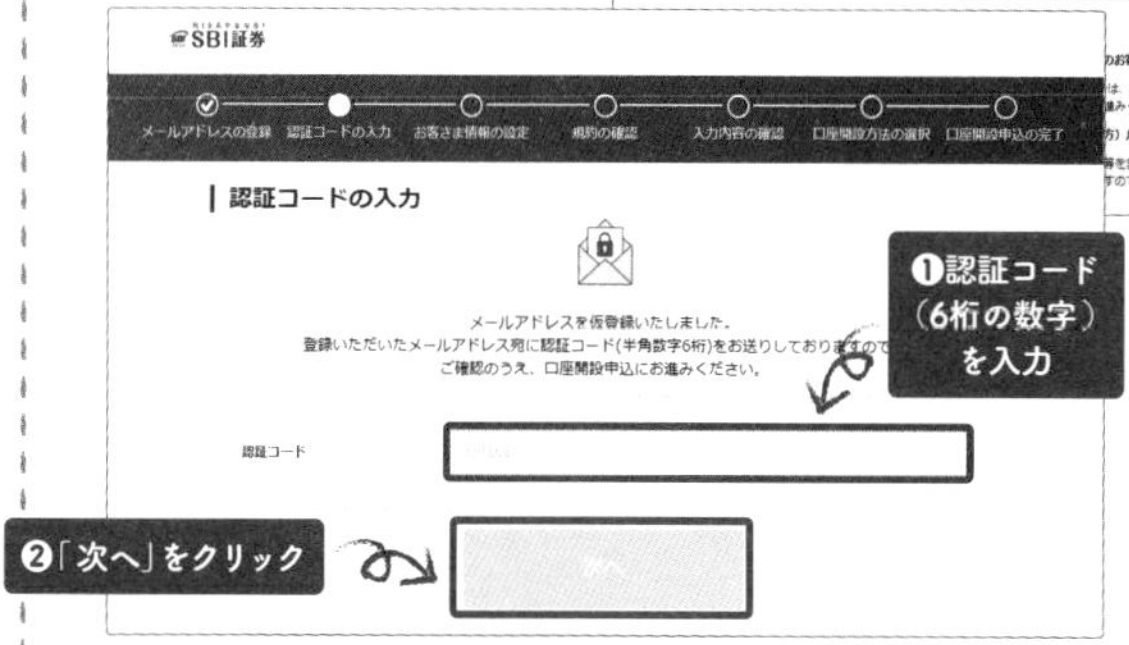

メールに記載されている❶認証コードを（6桁の数字）を入力、その後❷「次へ」をクリックします。

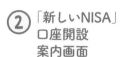

⑤ お客さま情報の設定

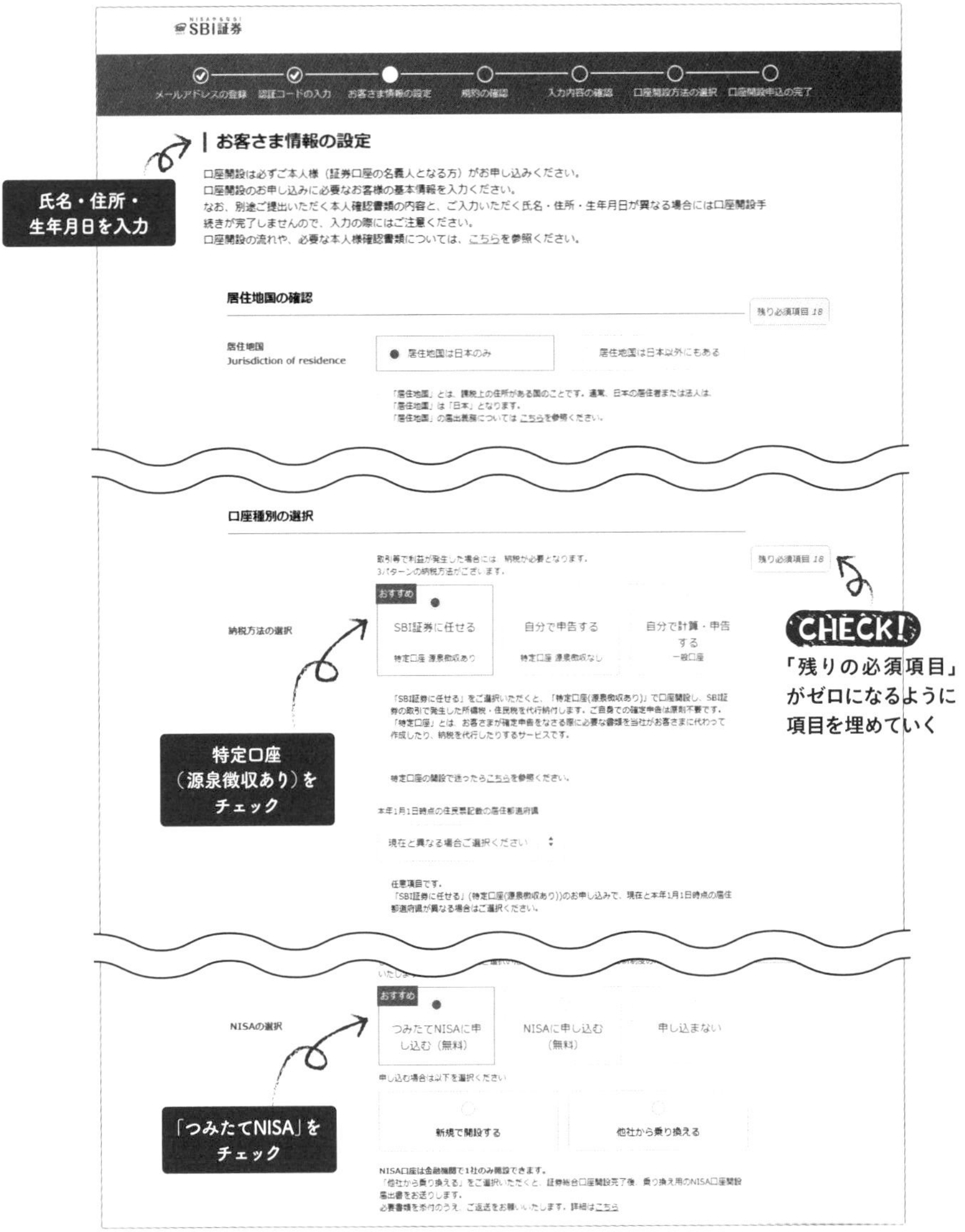

「お客さま情報の設定」で個人情報と申請する口座選択などを入力します。画面右側に赤文字で「残りの必須項目」と、必要な入力箇所の案内がでるので漏れがないかを確認することができます。

⑥ 規約・入力内容の確認、を選択

規約の確認では、表示されたPDFファイルは最後まで読まないと（スクロールさせないと）、チェックマークへの入力ができません。

⑦ 口座開設方法の選択（ネットor郵送）

ネットでの開設は、本人確認書類をネットで送信するため口座開設するまで2営業日と郵送の7営業日と比べて短くなります。

口座開設方法の選択

⑧ 本人確認書類の送付※

SBI証券では2通以上の本人確認書類の提出が必要です。

●必ず必要な本人確認書類

マインバーカードもしくは通知カード

●本人確認書類

運転免許証、運転経歴証明書、住民基本台帳カード（写真付き）、住民票の写し、住民票の記載事項証明書、各種健康保険証、印鑑証明書、在留カード、特別永住者証明書、パスポート

※ネットでの開設の場合、本人確認書類をスマートフォンで撮影、もしくはスキャナーで画像化して送ります。画像の形式はJPG、BMP、JPGのいずれかで8MB以内に収まるファイルが要件。

口座開設申込が完了！

審査の後、口座開設完了通知が届く。

口座開設の際に行う
銀行口座の開設は、必要
なければ「申し込まない」
でも大丈夫です

ポイント！

銀行口座の登録

初期設定で行う銀行口座の登録は振込先として使用する金融機関の口座です。

ログイン後、「お客さま情報設定・変更」の「振込先金融機関口座」で登録を行います。

口座に入金して取引の準備をはじめよう

入金して取引の準備をする

▼入金方法は即時入金が便利

商品を購入するためには口座に入金をする必要があります。

SBI証券では証券総合口座に入金すればNISA口座での取引にそのまま利用できます。

SBI証券の入金方法には、「即時入金」「リアルタイム入金」「銀行振込入金」「振替入金(ゆうちょ銀行)」があります。

ここでは「即時入金」で解説します。理由としてメガバンクをはじめ主要な銀行に対応し、24時間利用可能で手数料無料、そして買付余力(商品を購入するための必要な資金)へすぐに反映されるからです。

なお、利用する銀行として、ここでは住信SBIネット銀行を扱います。

▼クレジットカードなら事前入金なしで購入できる

投資信託を積み立てで購入する際には、事前に入金をしていなくても、銀行引落しやクレジットカードによる決済がSBI証券では可能となっています。

クレジットカードによる決済であれば、ポイントが付きます(44ページ参照)が、クレジットカード決済を利用するためには、事前の登録が必要となります。ここではSBI証券でのクレジットカード登録の流れもあわせて説明します。

一言解説　システムメンテナンスに注意

即時入金は「24時間利用可能」ですが、提携金融機関の定期・臨時システムメンテナンス中は利用できません。たとえば、みずほ銀行の場合は「第1・4土曜日3～5時」は定期システムメンテナンスとなっています。

即時入金の流れ

① SBI証券にログイン

SBI証券にログイン後、画面右上の「入出金・振替」→「入金」をクリックします。

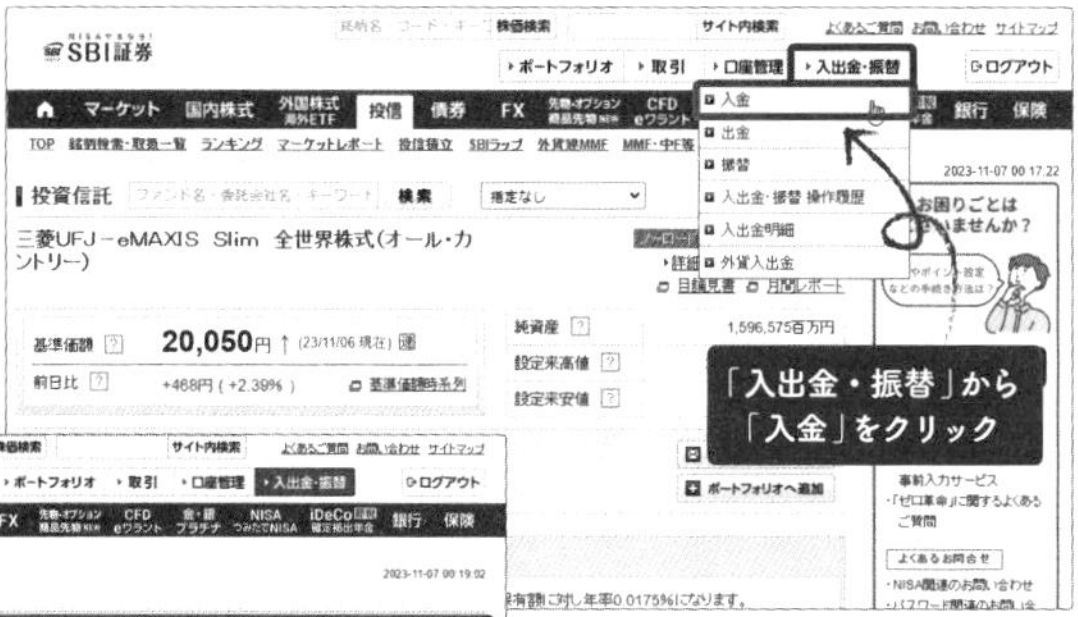

②「入金指示」画面

振り込みたい金額と取引パスワードを入力します。取引パスワードは口座開設通知の書類に含まれています。

③「振込指示確認」画面

振込金額を確認して、「振込指示」をクリックします。

ポイント！

インターネットバンキング

即時入金サービスを利用するには、提携銀行でのインターネットバンキングの契約が必要です。

インターネットバンキングは銀行が提供しているサービスで、通帳の管理、税金などの各種支払い、振込・振替がネット上でできるようなります。ネット証券の多くは即時入金を謳っていますが、このサービスに入っていることが前提になります。

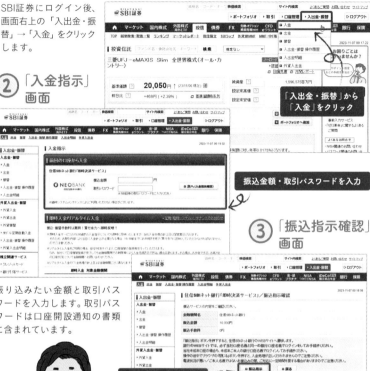

クレジットカード登録の流れ

① ログイン後のトップページ画面

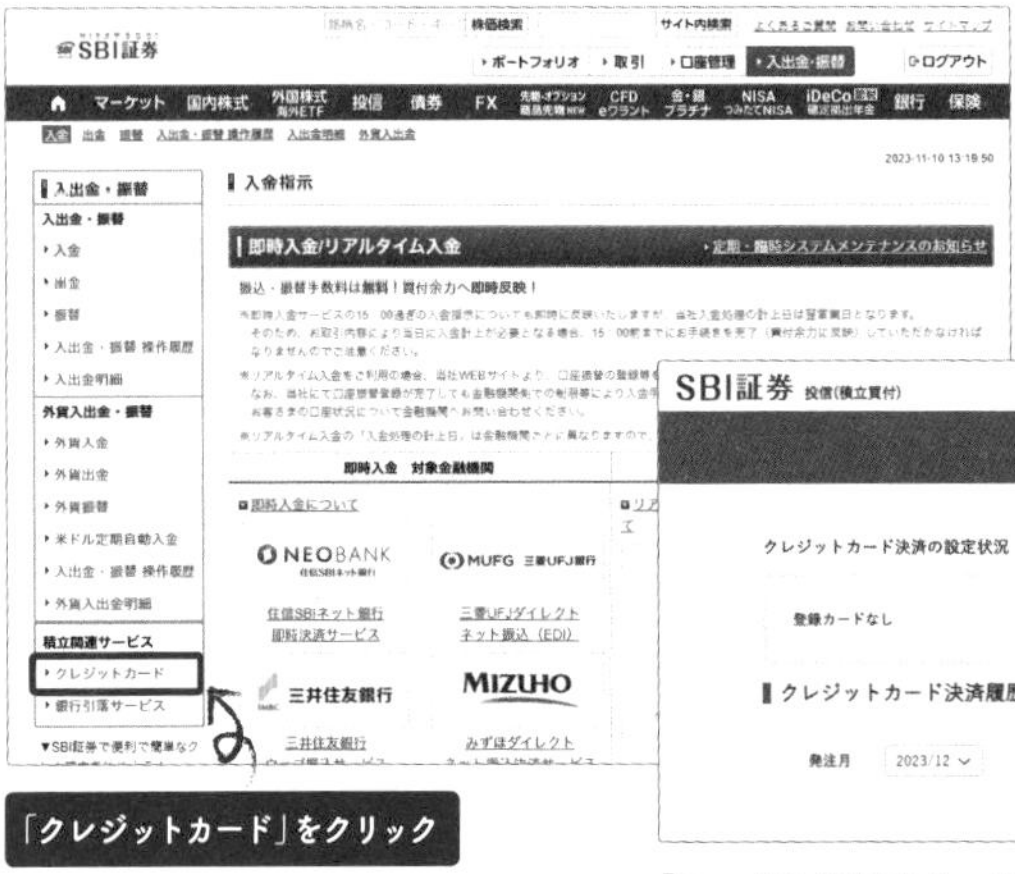

入金指示画面の左列にある、積立関連サービス内の「クレジットカード」をクリックします。

② クレジットカード管理画面

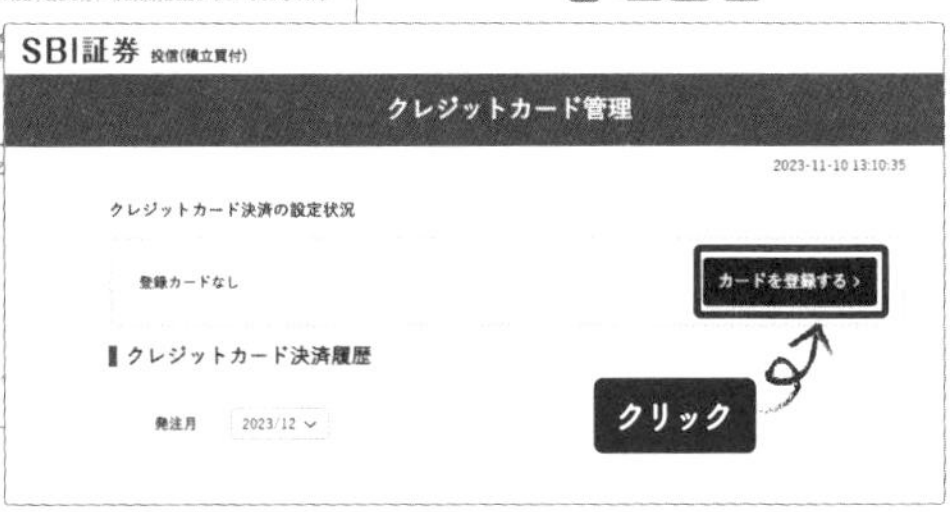

「カードを登録する」をクリックします。

③ 各種規約の確認

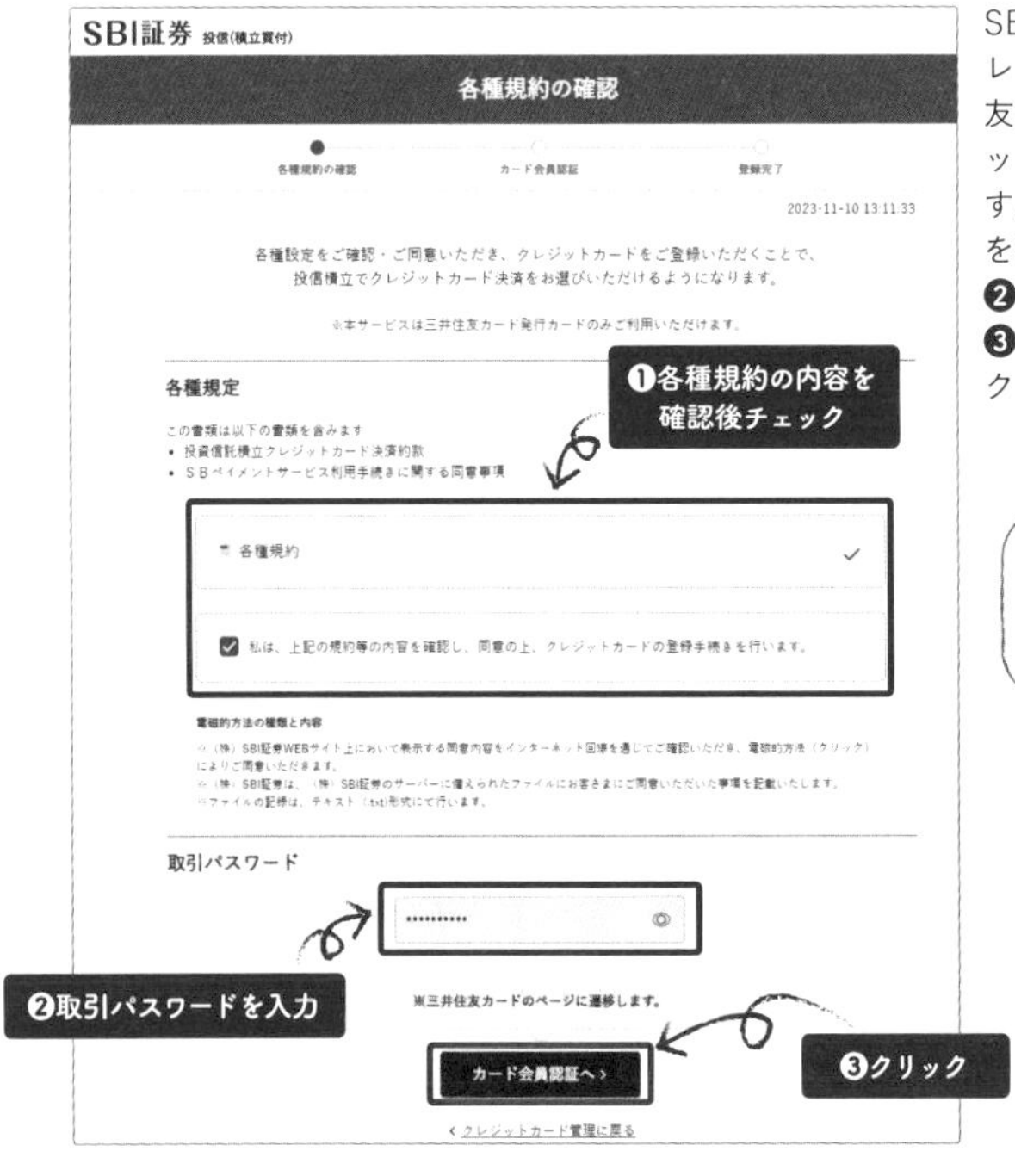

SBI証券では、登録できるクレジットカードは、三井住友カードが発行するクレジットカードのみになります。❶「各種規約」で内容を確認後、チェックを入れ、❷取引パスワードを入力、❸「カード会員認証へ」をクリックします。

これで
ポイントが
貯められる
んですね！

④ 三井住友カードのログイン画面

三井住友カードのVpassページ。VpassのIDとパスワードを入力してログイン。クレジットカード番号などを入力すると登録完了です。

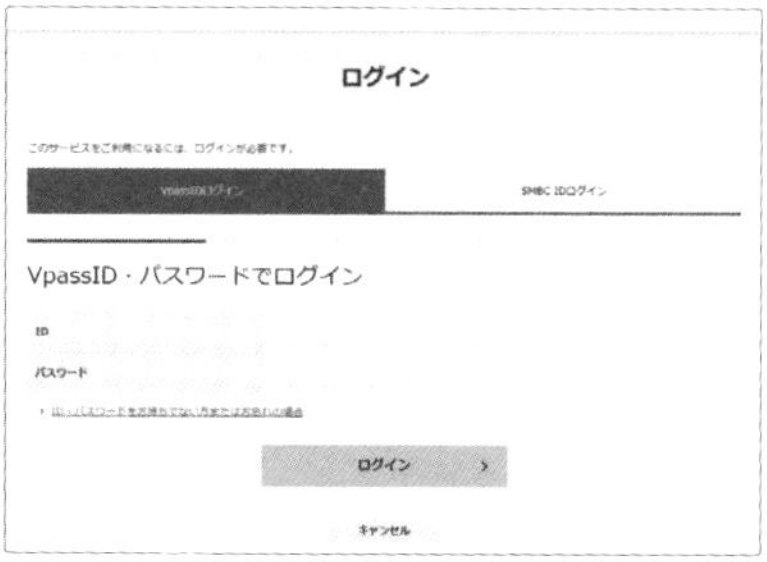

ポイント！

出金の概要

SBI証券では、手数料無料で、あらかじめ設定した振込先金融機関口座に振り込まれます。出金のタイミングは、以下の通りです。

●毎営業日15時30分までの手続き：翌銀行営業日

●毎営業日15時30分以降の手続き：翌々銀行営業日

なお、出金指示を取消す場合は、出金予定日の前営業日15時30分までの取消手続きが必要になります。

① SBI証券にログイン

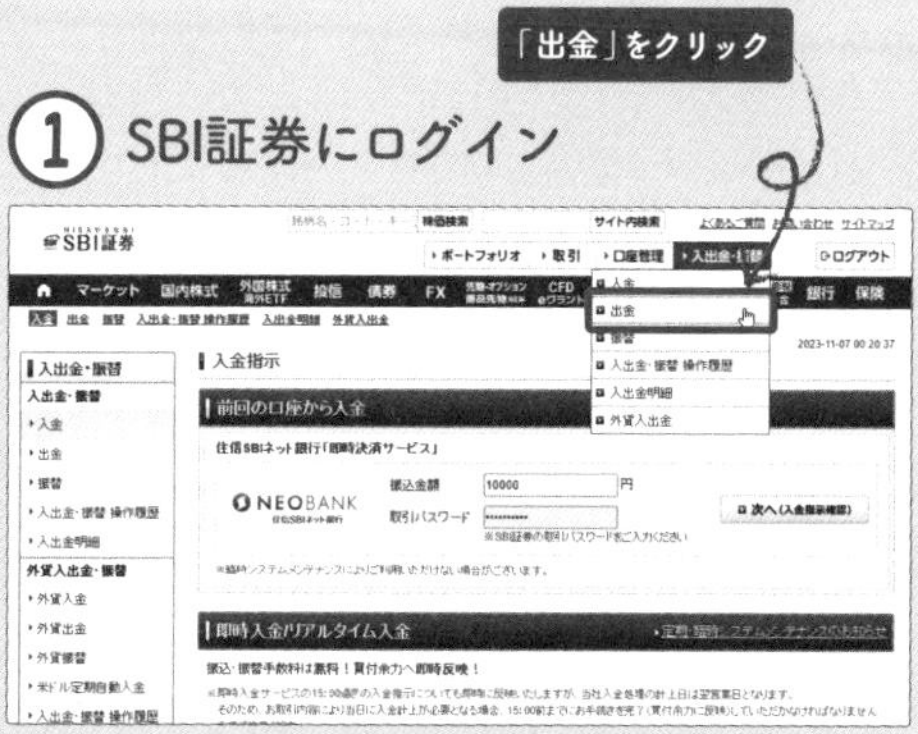

トップページの「入出金・振替」から行います。

②「出金指示」画面

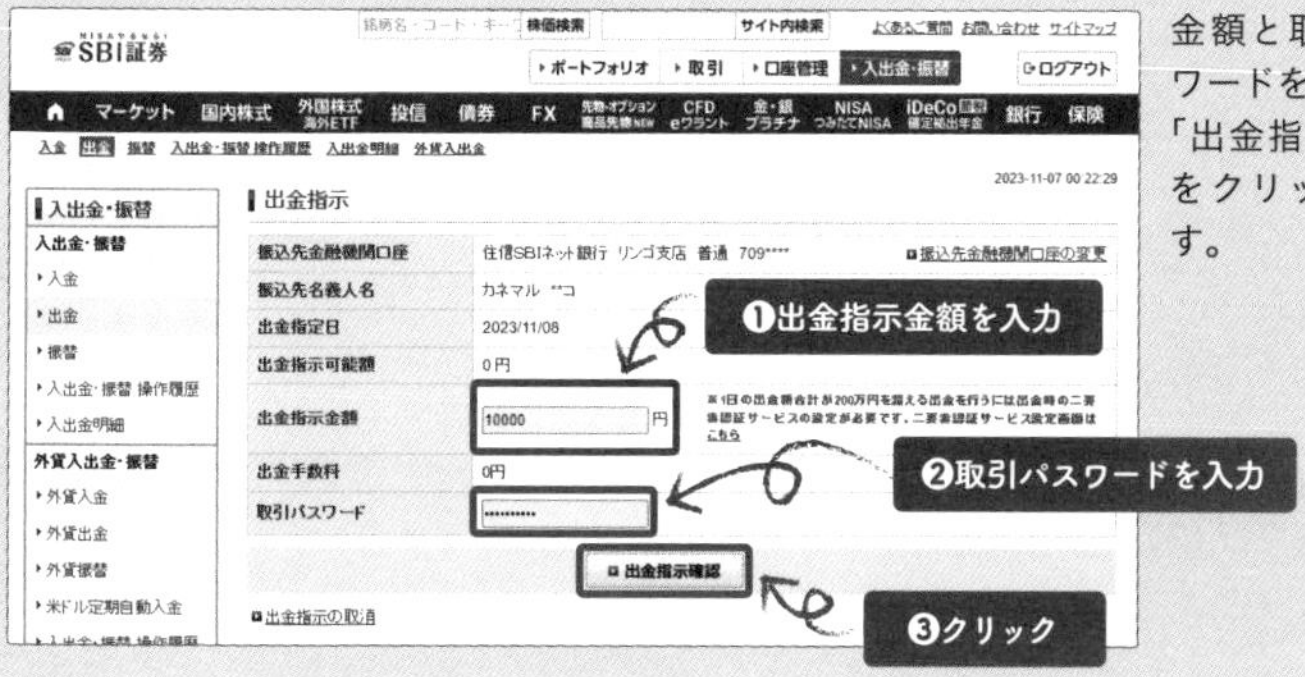

金額と取引パスワードを入力後、「出金指示確認」をクリックします。

SBI証券で投資信託を積み立てる

NISAで投資信託を購入する

▼買いたい商品の探し方

ＮＩＳＡ口座での商品購入となります。

ここでは「つみたて投資枠での投資信託購入（積み立て）」を軸に解説します。新しいＮＩＳＡで実際に注文できるのは２０２４年1月以降です。買い方などに変更がない見込みのもと、ここではＳＢＩ証券の旧ＮＩＳＡ（つみたてＮＩＳＡ）での投資信託の購入手続き（積立設定）を画面を使って説明します。

まずは購入する（積み立てる）商品を、投資対象となる銘柄一覧から選びます。

ＳＢＩ証券のファンド絞込機能（パワーサーチ）を利用すれば、「資産カテゴリーは国内株式」「純資産は１００億円以上」などの条件で絞りこむことができるので便利です（投資信託の見方は3章を参照）。

▼投資信託を購入して積み立てる

購入する商品が決まれば、その商品を選び、画面の指示に従って、積立頻度や積立金額などの条件を入力し、目論見書でファンド情報を確認して、最後に入力内容を確認して完了となります。

なお、すでに説明しましたが、新しいＮＩＳＡでは、「つみたて投資枠」と「成長投資枠」は併用できるので、「成長投資枠」で株式を購入することができます。こちらはポイントで要点を解説していきます。

一言解説 販売金額ランキング

パワーサーチでは、各銘柄の「販売金額ランキング」も表示されます。ランキング上位の銘柄は、いわゆる「売れている（人気のある）」銘柄です。イコールよい商品とは限りませんが、ひとつの目安にはなります。

投資信託購入(積立設定)の流れ

①「投資信託パワーサーチ」画面

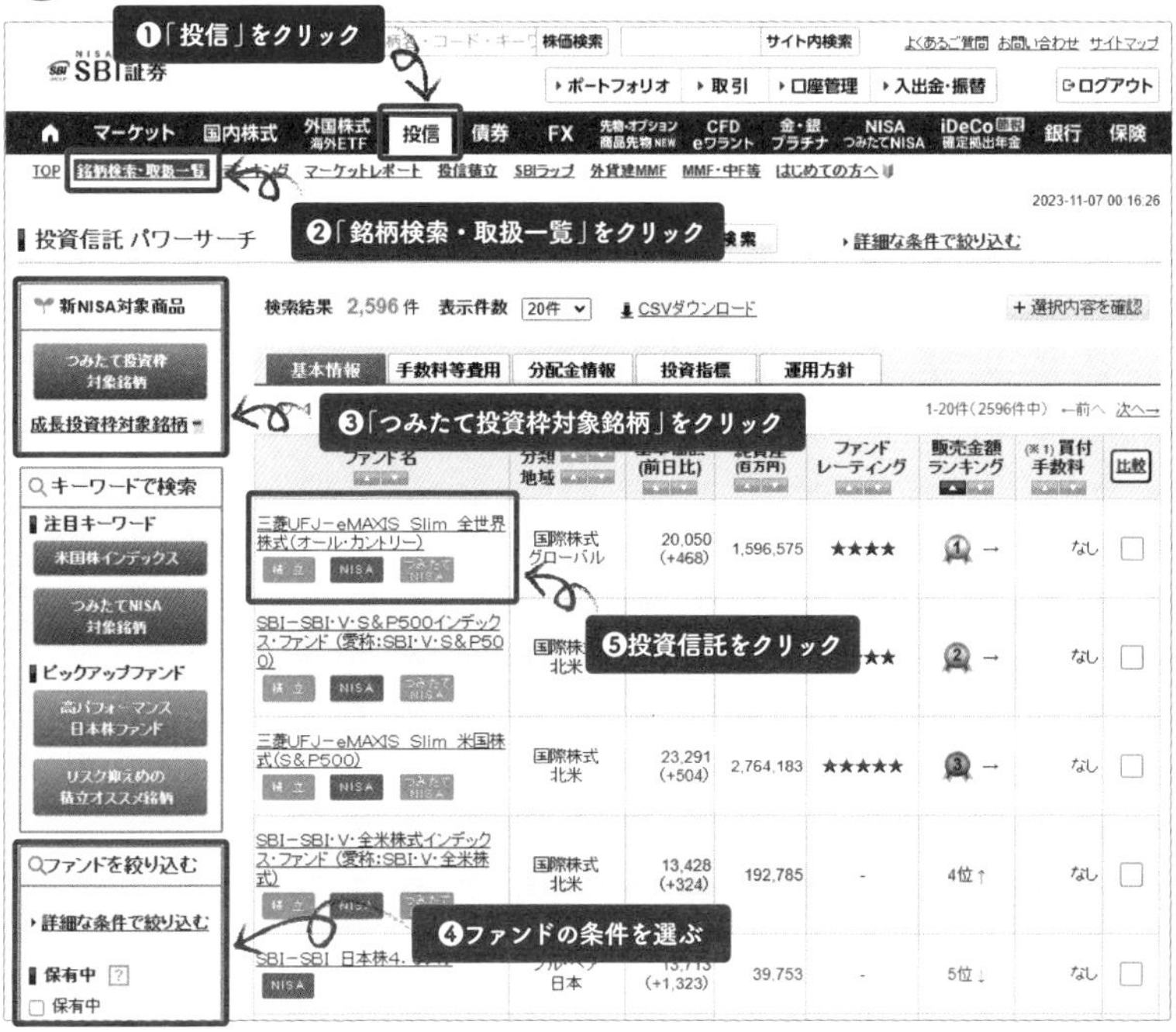

「つみたて投資枠対象銘柄」をクリックすることで対象となる投資信託が絞られます。その後は「ファンドを絞り込む」で「ファンド分類(資産カテゴリー)」「手数料」「純資産」「基準価額」などを選択します。最後に表示された投資信託をクリックすると個別のページに移ります。

②「投資信託銘柄」画面

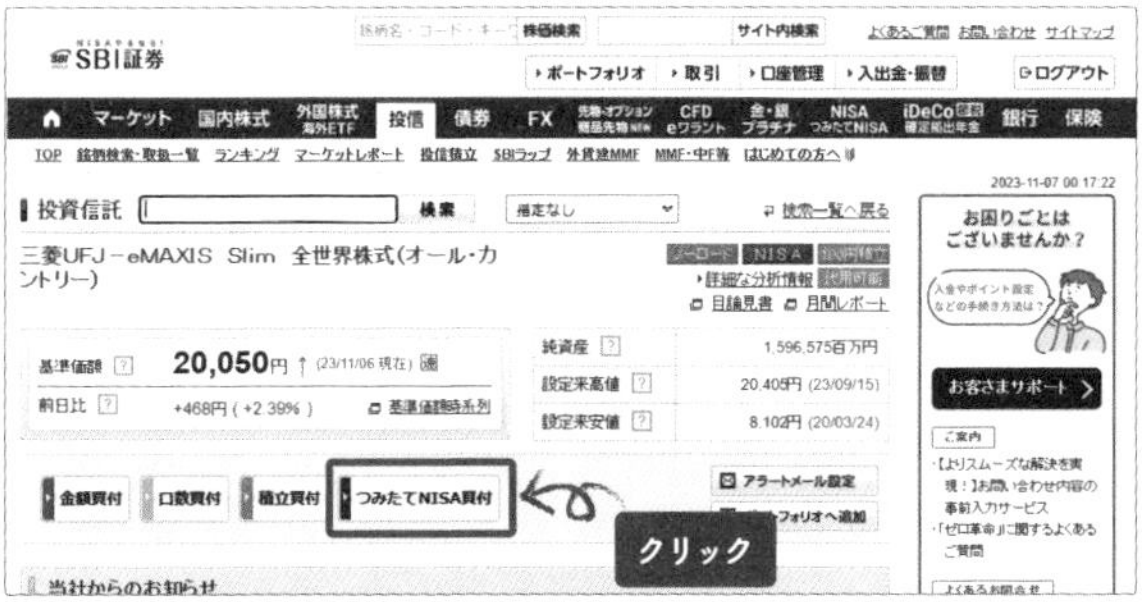

「つみたてNISA買付」をクリックします。

投資信託購入(積立設定)の流れ

③「投信(積立買付)」画面

購入画面では、積立コースと積立額を設定します。積立コースは、「毎月」「毎週」「毎日」から選択でき、申込設定日は、積立コースが「毎月」の場合は買付日を、「毎週」の場合は買付曜日になります。

※NISA枠ぎりぎり注文とは、NISAの残り非課税枠が積立金額以下の場合、積立金額を引き下げて、可能な限り非課税枠を使い切る注文です。

④「目論見書のご確認」画面

目論見書(78ページ参照)を確認します。

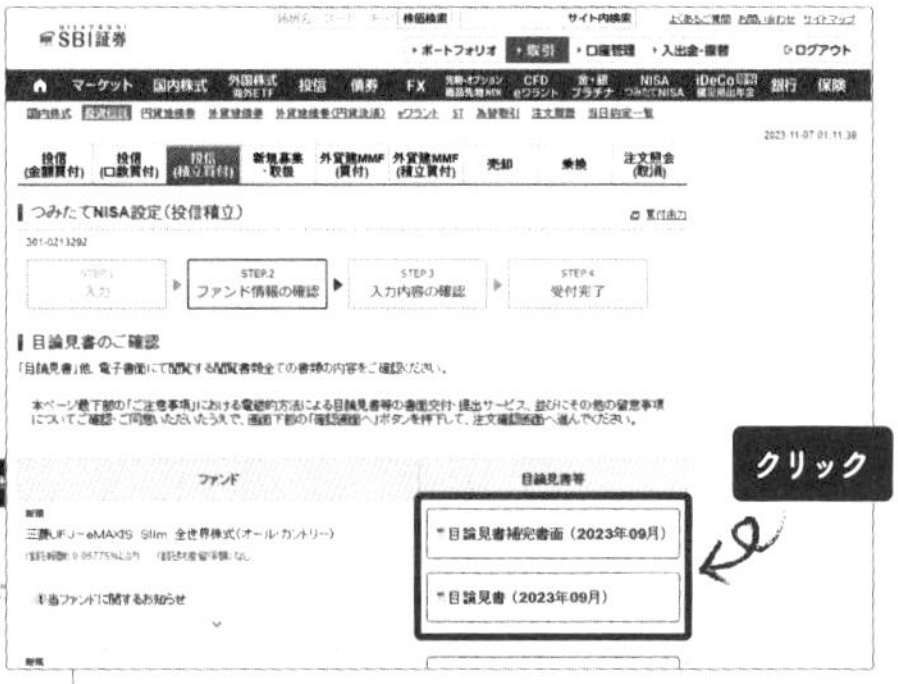

⑤目論見書を確認する

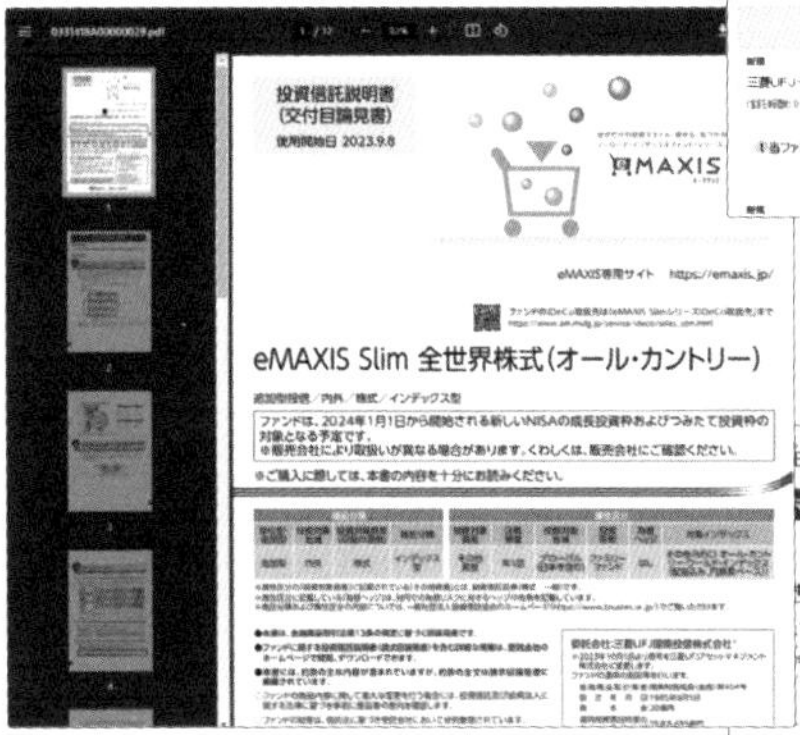

投資方針の説明がされているので内容はしっかり確認してください。

⑥「設定内容のご確認」画面

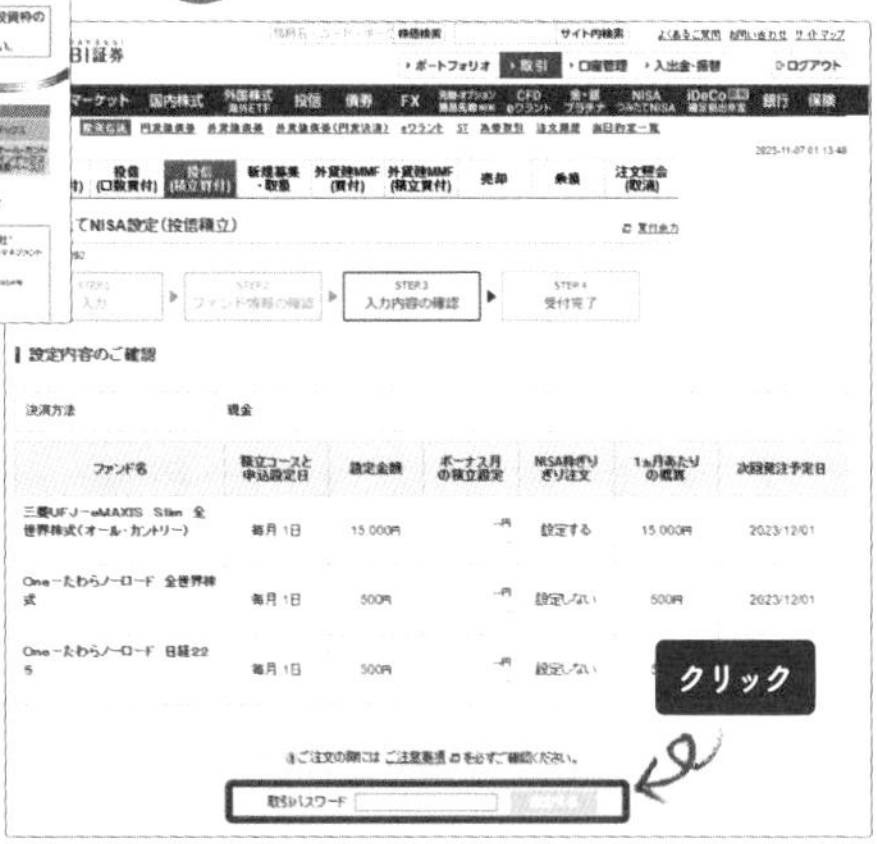

投資信託の購入設定ができました。内容を確認したら取引パスワードを入力してクリックすれば完了です。

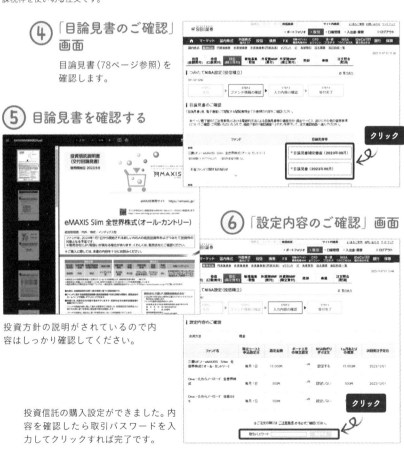

ポイント！

NISA（一般NISA）での株式購入

SBI証券での、NISA（一般NISA）の株式購入の流れ（注文方法）は、基本的には、一般口座・特定口座の取引と同じですが、画面に表示される**「NISA預り」**を選択しないとNISAでの購入扱いにならないので注意しましょう。

①購入したい銘柄を選択、「現物買」をクリックする

現物とは、自分の現金や株式で取引をする、通常の売買方法のことです。

②注文画面で以下の項目を入力（選択）する

●株数：取引する株数を100株単位で入力します。

●価格：「指値」「成行」「逆指値」を選択し、金額を入力します。

NISAでの買い注文は、「指値注文」のみになります。「売り注文」の時に指値か成行かを選択することができます（104ページ参照）。執行条件（「一定の条件を満たしたら当該注文を執行する」という条件）は、基本的には初期設定である「条件なし」を選択します。

「NISA預り」の
選択は
忘れないように！

●期間：「当日中」「期間指定」を選択して注文が有効な期間を指定します。

「期間指定」は、発注日を含めて最長15営業日まで指定することができます。

●預り区分：「NISA預り」を選択します。「一般預り」「特定預り」は他の課税口座での購入になります。

③取引パスワードを入力して、注文確認画面をクリック

④注文確認画面で、「NISA預り」を確認して、注文を発注

NISA投資可能枠（年間非課税枠の残額）
も確認できます

Cloumn 2

投資の必勝法はあるのか？

限られた状況下の必勝法に惑わされない

結論から言えば、投資の必勝法はありません。

ただ、土地バブルやＩＴバブル、そして仮想通貨バブルなどの特定の資産なら何でも値上がりする特殊な状況であれば、投資必勝法に近いものはあったのかもしれません。

しかしそれは、相当限られた状況下での話であって、**再現性はまったくありません。**

そんな限られた状況下での投資成功例を持ち出してきて、さも万人が使える必勝法かのように紹介する投資詐欺も多いので注意しましょう。

なかったお金と考える

しかし、少し視点を変えることで、それに近いものを生み出すことはできます。

それは、「投資資金はもともとなかったお金」と考えることです。

そう考えれば、現在の運用資金はすべて儲けのようなもので、たとえ運用資金がゼロになったとしても、気持ちの上では損することはありません。

なお、第6章の節約などで捻出したお金は「なかったお金」ですから、そのようなお金でお得なＮＩＳＡで投資をすれば、それはそれで投資の必勝法と言えるかもしれません。

第3章

投資信託ではじめる
積み立て投資
（つみたて投資枠）

PART 3

投資の王道は積立投資

つみたて投資枠での積立投資が正解

▼投資の基本、積立投資

どうやって投資すればいいのか分からない…と悩んでいる人も多いと思いますが、初心者に限らずNISAでは「積立投資をする」とよいでしょう。

なぜなら積立投資こそ、長期の資産形成に適した投資法だからです(62ページ参照)。

実際、投資初心者からベテランまで、多くの人が、この積立投資でお金を増やしています。

NISAでは、そんな積立投資に適した商品を、「つみたて投資枠」の対象商品としてラインアップしてくれているので、その中から、希望にあった商品を選べばよいのです。

▼投資信託を積み立てる

つみたて投資枠の対象商品は、投資信託です。

投資信託とは、プロに運用を任せて、少額からでも分散投資(資産の分散)ができる商品で、時間の分散であるつみたて投資との相性が抜群なのです。

NISAの正解は、「つみたて投資枠で投資信託を積み立てる」と、実にシンプルなのです。

第3章では、そんなNISAの要となる、投資信託のしくみについて解説し、選び方、そして、実際につみたて投資枠で購入すべき商品を紹介していきます。

一言解説 2つの分散投資

分散には「資産の分散」と「時間の分散」があります。積立投資では、「時間の分散」効果が期待できるのです。なお、「資産の分散」については、投資信託(66ページ～)で詳しく説明しています。

つみたて投資枠で投資するのがいいらしいです

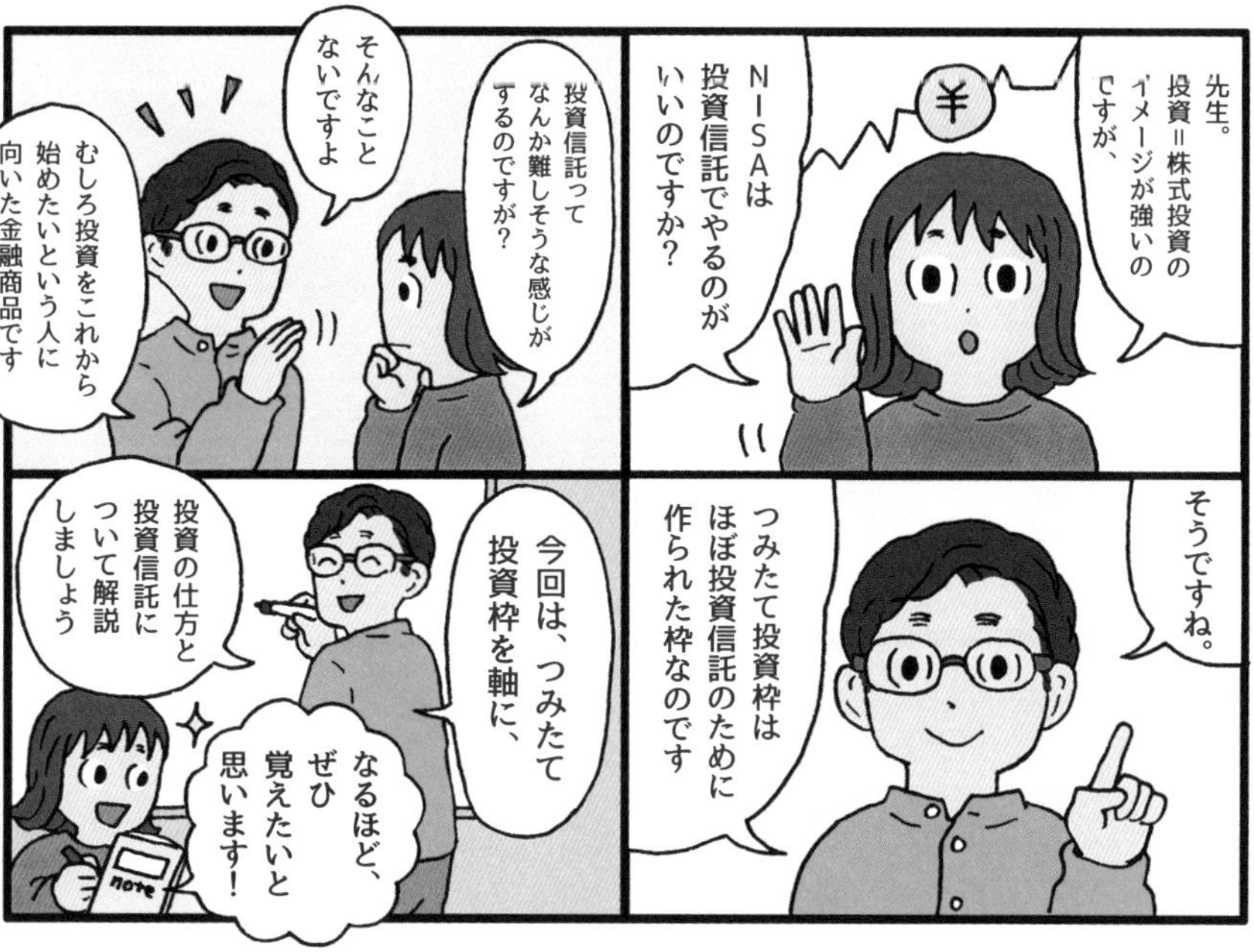

分散投資のイメージ

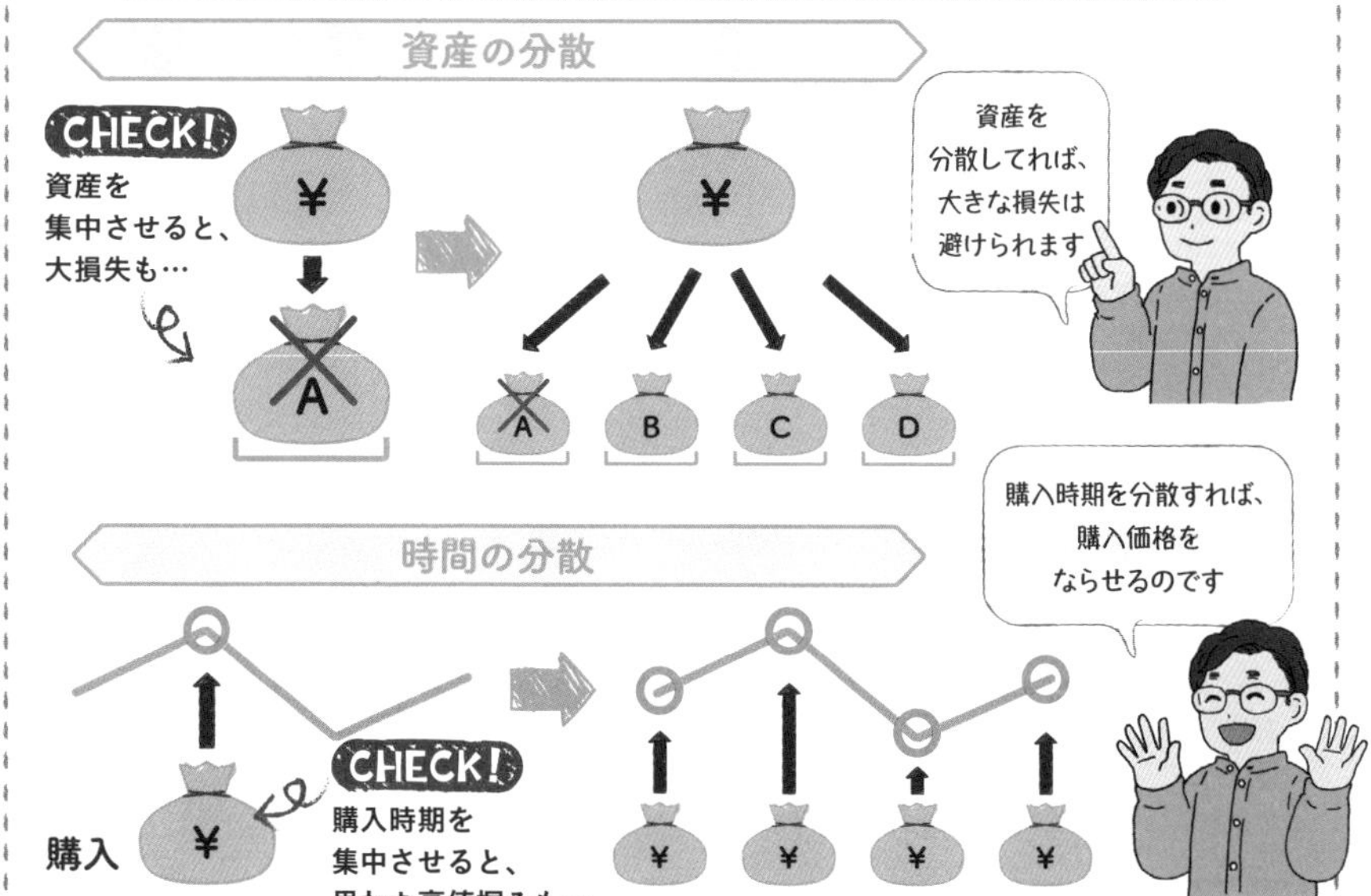

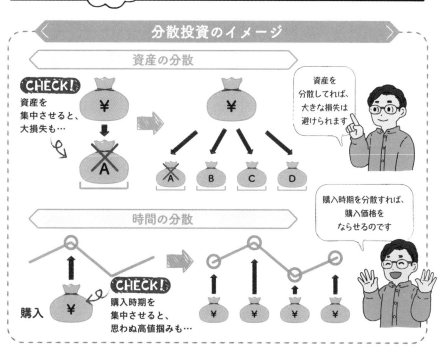

積立投資は地味だけど、強い！

積立投資とNISAは相性がいい

▼複利運用で、大きく増やす

積立投資とは、毎月一定額を、コツコツと積み立てていく地味な投資法ですが、その効果は抜群です。

仮に毎月3万円積み立てれば、10年で３６０万円、20年で７２０万円、30年でなんと１０８０万円ものお金が元本だけで貯まります。

その積み立てに対して、もし年間３％のリターンを見込めるのなら、30年後は１７００万円超もの金額となるのです。

これは複利運用の効果で、とくに収益が非課税となるＮＩＳＡでは、収益がそのまま再投資できることから、より複利運用の効果は大きくなります。

その意味でも、積立投資は、ＮＩＳＡとの相性バッチリなのです。

▼値動きを気にしないので精神的に楽！

「高値掴みは避けたい」「できるだけ安く買いたい」と、購入タイミングには悩むものですが、積立投資では悩むことはありません。

定期的、かつ一定額ずつ購入していく積立方法を、ドルコスト平均法と言います。これは購入価格を平準化させ、より効率的に積み立てることができるのです。

そして、積み立てた後は、基本、ほったらかしでＯＫです。積立投資では、その値動きに一喜一憂する必要がなく、精神的に楽なのです。

用語解説 複利運用

投資の収益を、元本に組み入れて運用していく方法。収益を再投資することで、「収益が収益を生む」ことから、長期で運用すればするほど大きな効果を生む。少しでも早くに積立投資を始めることをお勧めしたい。

複利効果とドルコスト平均法

積立金額と運用成果

毎月5万円を10年間積み立てた場合

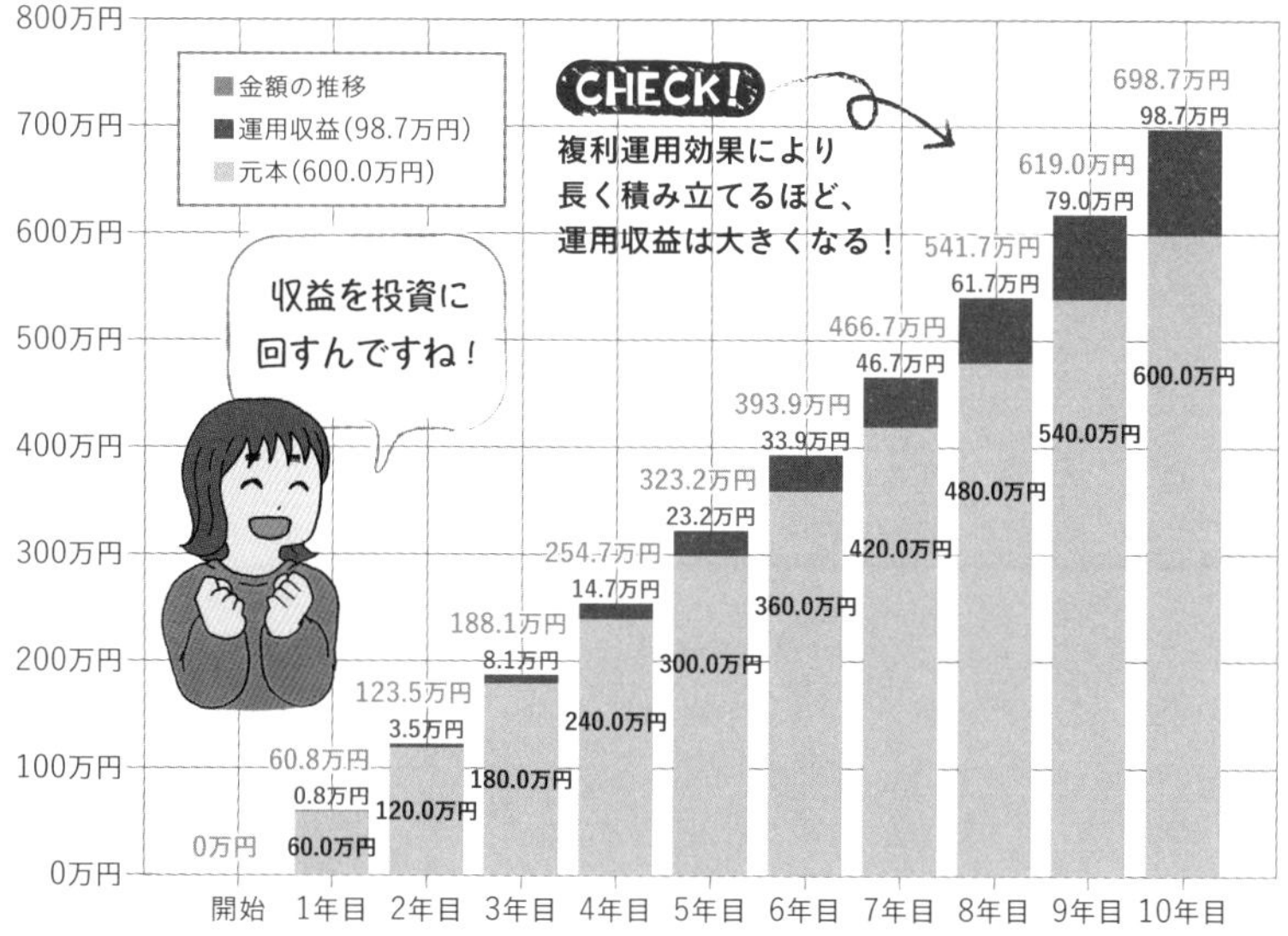

ドルコスト平均法で購入価格差をならす

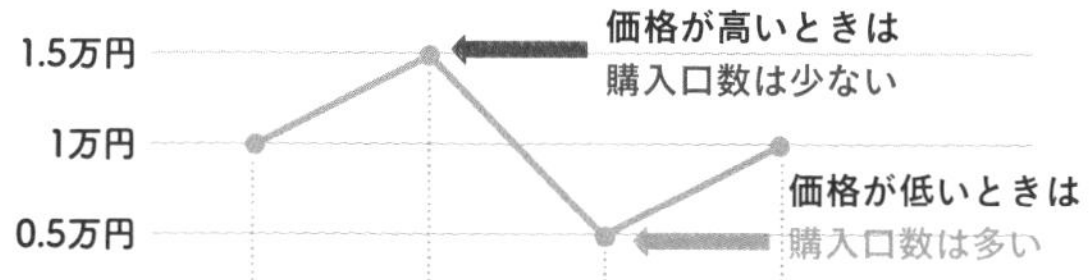

価格	1万円	1.5万円	0.5万円	1万円	合計	平均購入単価
毎月一定金額	1万円	1万円	1万円	1万円	4万円	約8,584円
	1口	0.66口	2口	1口	4.66口	
毎月一定口数	1万円	1.5万円	0.5万円	1万円	4万円	10,000円
	1口	1口	1口	1口	4口	

CHECK!
ドルコスト平均法

ポイント！

少額でもまずは始める

「損するのが怖い」と、思っている人は少なくありません。「積立投資」は、損するリスクをグッと抑えることができ、早く始めるほど着実にお金が貯まります。まずは少額からでも、「やってみる」ことが大切です。

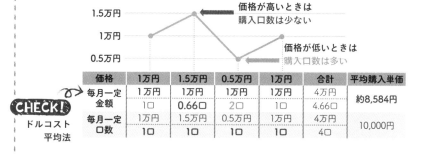

つみたて投資枠で買える商品

金融庁が選んだ投資信託から選ぶ

▼全体の4％に絞られている

新しいＮＩＳＡのつみたて投資枠の対象商品は、金融庁の定めた一定基準を満たした「長期の積立・分散投資に適した投資信託」に限られています。

そもそも投資信託自体、「長期の積立・分散投資に適した商品」ですが、つみたて投資枠では、より「長期の積立・分散投資に適した商品」としてさらに絞り込まれているのです。

手数料や分配金、運用期間や運用方法、さらには情報公開の視点から、投資家が安心して、長期間にわたって積み立てができるように商品を絞り込んでいるのです。

国内で購入できる投資信託は約６０００本あると言われています。そのうち、つみたて投資枠として金融庁の基準を満たす商品は約２５０本と、全体の４％程度になります。

▼自分のニーズに合った絞り込みをする

金融庁が絞りこんでくれているとはいえ、まだ２５０本もあるため、自身のニーズに合った「長期の積立・分散投資に適した商品」を選ぶ必要があります。

自身で絞り込みができるよう投資信託のしくみはもちろん、選択の基準となる手数料や運用方法、投資先の分類などを理解する必要があります。

一言解説　「金融庁が選んでいるから」に頼り切らない

つみたて投資枠の対象商品は、長期的な資産形成ができるよう、厳しい基準で絞り込まれていますが、投資に「絶対」はありません。漫然と選んで、後で後悔をしないよう、自身が納得できる商品をしっかり選びましょう。

つみたて投資枠の対象商品として、金融庁が定めた一定基準

- 販売手数料はゼロ(ノーロードとも言う)
- 信託報酬は一定水準以下(例:国内株のインデックス投信の場合0.5%以下)に限定(68ページ参照)
- 顧客一人ひとりに対して、その顧客が過去1年間に負担した信託報酬の概算金額を通知すること
- 信託契約期間(投資信託の運用期間)が無期限または20年以上であること
- 分配頻度が毎月でないこと
- ヘッジ目的の場合などを除き、デリバティブ取引による運用を行っていないこと

※デリバディブ取引:先物取引など少ない資金で大きな商品を扱う取引のこと。リスクが大きい
※ヘッジ:リスクを回避する行為

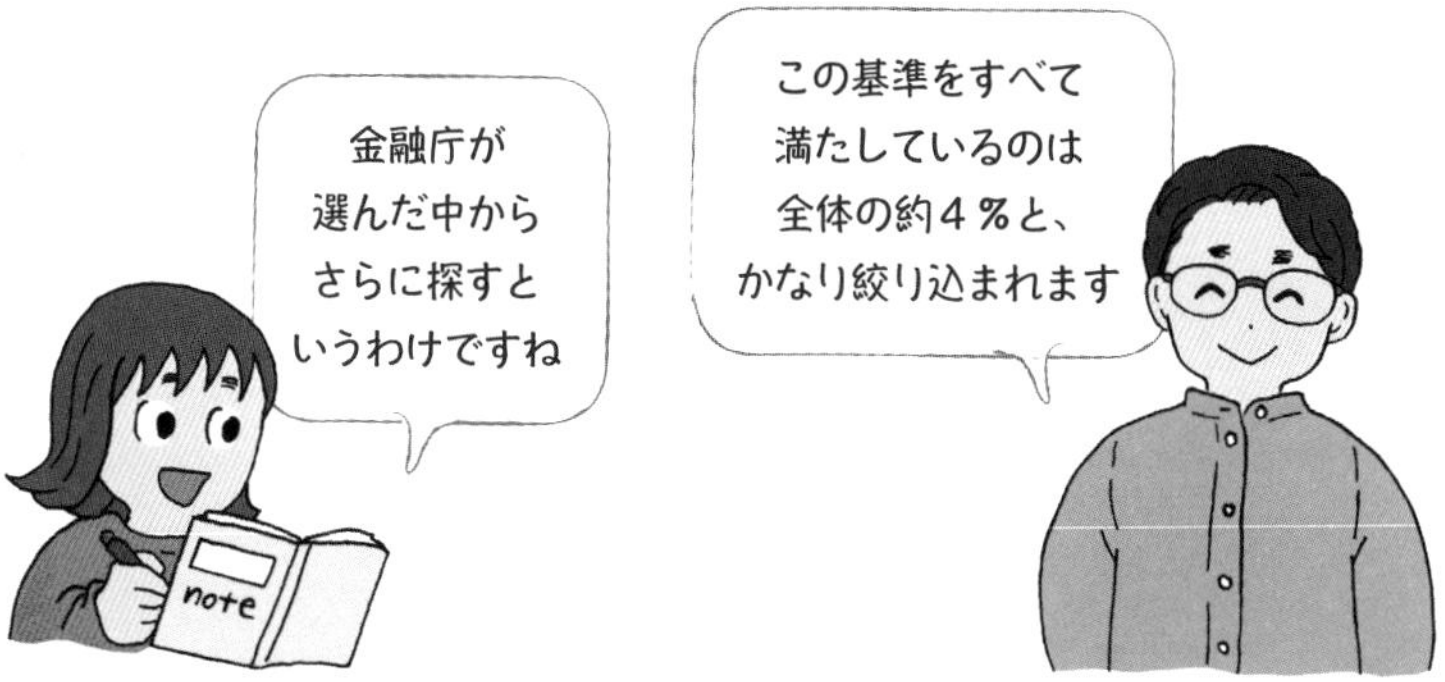
金融庁が
選んだ中から
さらに探すと
いうわけですね
この基準をすべて
満たしているのは
全体の約4%と、
かなり絞り込まれます
note

ポイント!

成長投資枠でも購入できる

つみたて投資枠の対象商品は、成長投資枠でも購入できます。つみたて投資枠の非課税投資枠(年間120万円)を使い切ってしまったものの、「つみたて投資枠の対象商品を、もっと積み立てたい」のであれば、成長投資枠の非課税投資枠(年間240万円)を活用して積み立てることもできるのです。

投資信託を理解しよう①（概要）

投資信託はプロが運用する商品

少額から手軽に、分散投資ができる

投資信託とは、投資家から集めた資金を、運用のプロ（運用会社）が様々な資産に投資をする商品です。イメージとしては、プロの目利きによって選ばれた株や債券といった多くの「単品商品」が、ひとまとめにされた「パッケージ商品」です。

このパッケージ商品が少額から分散投資ができる商品として販売されます。投資家にとっては、個々の銘柄を選ぶための知識はさほど必要なく、資産管理の手間が省けることから、手軽に始めることができます。また、証券会社だけでなく銀行でも取り扱っていることからも、非常に身近な商品と言えるでしょう。

投資信託の収益は2種類

投資信託の収益は、売買による値上がり益と定期的に受け取る収益分配金の2つがあります。

値上がり益は、売却時の基準価額が購入時よりも上回っているときに発生します。

基準価額とは、投資信託の価格（時価）を指し、運用実績によって1日に1回変動します。

収益分配金は、運用収益を定期的に投資家に分配するしくみです。ただし、分配金の有無や頻度は、商品によって変わります。

一言解説 投資信託の購入

投資信託は、銀行や証券会社などの「販売会社」から購入するのが一般的です。「販売会社」を通さず、「運用会社」から直接購入できる直販型と呼ばれる投資信託もありますが、その数はごくわずかです。

投資信託の基本

投資信託のしくみ

投資家

- 運用のプロにお任せできる
- 少額から分散投資ができる
- 多種多様なタイプがある

運用会社

運用される資金のことを
ファンド という

※一般には、投資信託の個別商品
　そのものを指すことが多い
例）Aファンド
　　Bファンド

運用

株・債券・不動産など

基準価額は
1万口あたりの
金額で表示され
ることが多いです

基準価額で投資信託の価格がわかる

基準価額 ＝ 純資産総額 ÷ 総口数

※純資産総額：投資信託の時価総額
※総口数：収益を受け取る単位のこと。1口いくらで売買する

ポイント！

投資信託は、元本保証ではない

プロが運用するとはいえ、株や債券など、値動きのある資産で運用するわけですから、投資信託には元本保証はありません。投資信託の中には「手堅い運用（ローリスクローリターン）」をアピールするものもありますが、それでも投資信託である以上、元本保証ではないので注意しましょう。

投資信託を理解しよう②（手数料）

投資信託にかかる3大コスト

▼手数料は、運用成果に直結

投資信託では、プロに運用を「お任せする」ため、手数料が発生します。その手数料を負担するのは投資家です。手数料の有無・多寡は、運用成果に直結しますので、よく確認し、納得して選びたいものです。

▼注意すべきは信託報酬！

投資信託にかかる手数料は、3つあります。ひとつめは販売手数料。購入時に販売会社に支払う手数料で、購入金額の0・5〜3％程度が大半です。同じ投資信託でも、販売会社によってその料率は異なります。なお、NISAではつみたて投資枠の対象商品はすべて販売手数料が無料（ノーロード）となっています。

ふたつめが保有時にかかる信託報酬（運用管理費用）。運用管理のため、販売会社、運用会社、そして資産を管理する信託会社に支払う手数料です。運用資産の年率0・1〜2％がおおよその手数料になります。この手数料は保有期間中はずっとかかってきます。長期投資においては、負担になりやすい手数料なので、最も注意すべきと言えます。

最後に、換金時にかかる信託財産留保額。換金金額の0・3％程度が主流です。最近では徴収しない投資信託も多くあります。

一言解説　信託報酬は日割りで引かれる

信託報酬は年率で表示されていますが、実際には日割り計算をして、日々、運用資産から自動的に差し引かれます。支払っているとの実感は薄くなりがちですが、だからこそ、しっかり意識しておきたい手数料なのです。

投資信託の3大コスト（手数料）

購入時	**販売手数料** ●購入金額の0.5～3%が多い ●販売会社によって料率は異なる ●販売手数料無料（ノーロード）が多い
保有時	**信託報酬（運用管理費用）** ●運用資産の0.1～2%が多い ●年率で表示されるが、日々、運用資産から差し引かれる
換金時	**信託財産留保額** ●換金額の0.3%程度が多い ●信託財産留保額は徴収しない投資信託が多い

CHECK!
つみたて投資枠の対象商品は、すべて販売手数料が無料（65ページ参照）

CHECK!
保有期間中ずっとかかってくるので、長期投資においては、最も重要な手数料

※手数料が高いからといって運用成績がよいとは限らず、逆に、手数料が低いからといって運用成績が振るわないわけではない

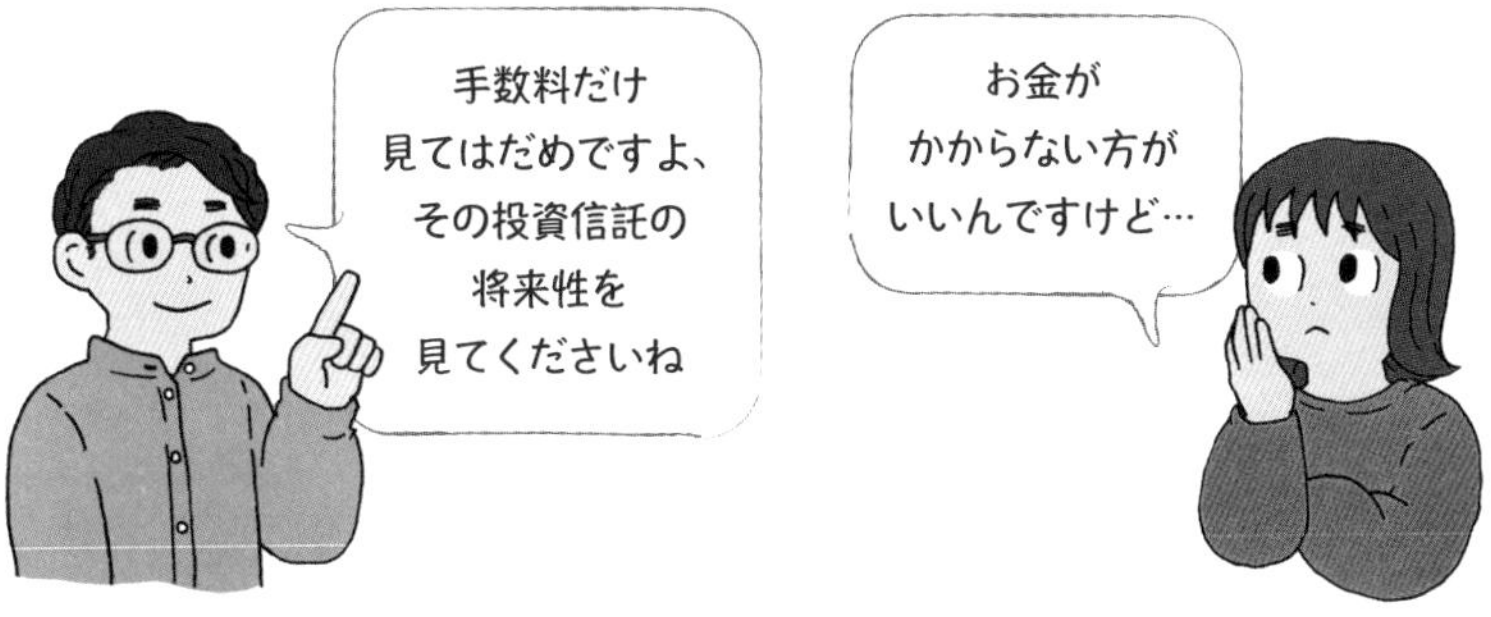
手数料だけ見てはだめですよ、その投資信託の将来性を見てくださいね
お金がかからない方がいいんですけど…

ポイント！

信託報酬は、長期投資では大きな差となる

もっとも注意すべき手数料は信託報酬です。その理由としてNISAでは長期の積立投資ということもあり、信託報酬のわずかな差が（たとえ0.1%でも）、長い目で見れば大きな差となるからです。
つみたて投資枠の対象商品は信託報酬が低いのが多いのですが、その中でも、より低いものを選びたいところです。

投資信託を理解しよう③（投資対象）

投資信託が投資できる分野を確認

▼基本は株式・債券・不動産

投資信託は、投資先によって資産カテゴリー（資産の大きな区分）が決められています。資産カテゴリーによって、値動きは大きく異なってくるので、区分を確認しておきましょう。

まず大きく分類すれば、株式・債券・不動産の3区分です。一般に、その値動きは、株式が最も大きく、債券は小さいとされています。不動産は、その中間に位置します。

そして、それぞれが国内と外国に区分され、外国はさらに先進国と新興国に区分されます。

一般には、国内より外国の方が、先進国より新興国の方が、その値動き（＝リスク）は大きいとされています。

▼便利なバランス型タイプ

投資信託の中には、複数の資産カテゴリーに投資する「バランス型」と呼ばれるタイプもあります（90ページ参照）。例えば、「国内株式25%、外国株式25%、国内債券25%、外国債券25%」で「4資産」など資産カテゴリーの割合が決められており、常に運用資産の配分を運用者が調整してくれます。

自身のニーズに合致した資産配分の商品があれば、複数の投資信託を組み合わせる必要はなく、その商品ひとつで事足ります。

用語解説

先進国

欧米諸国など経済や産業が大きく発展している国で、政治・経済情勢は比較的安定している。

用語解説

新興国

中国、インド、ブラジル、タイ・ベトナムなど、経済成長が著しいものの、政治・経済情勢が不安定な国。

投資信託の主な資産カテゴリー

株式	国内	
	外国	先進国
		新興国
債券	国内	
	外国	先進国
		新興国
不動産	国内	
	外国(先進国)	

※一般に、資産カテゴリーにおいて、外国不動産は先進国のみである
※大型株は、流動性の高い上位100銘柄を指す。

CHECK!

国内株式については、さらに細かく、投資する株式の規模や業種を絞り込んでいるタイプもある
・規模(大型株、中小株など)
・業種(銀行、建設、小売など)

CHECK!

外国資産については、さらに細かく、投資する国や地域を絞り込んでいるタイプもある
・国(アメリカ、中国、インドなど)
・地域(ヨーロッパ、東南アジアなど)

上記8資産(国内株式・外国株式(先進国・新興国)・国内債券・外国債券(先進国・新興国)・国内不動産・外国不動産)が資産カテゴリーの基本!

それ以外に組み合わせによるバランス型がある!

カテゴリーを入れていることが
多いのですぐわかります

ポイント!

公社債投資信託と株式投資信託

投資信託は、株式を一切組み入れることができない『公社債投資信託』と、株式を組み入れることができる『株式投資信託』に区分されますが、投資信託のほとんどは『株式投資信託』です。NISAで購入できる投資信託は『株式投資信託』のみで、『公社債投資信託』は購入することはできません。

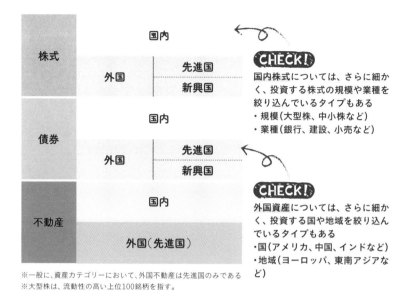

投資信託を理解しよう④（運用手法）

買うべき投資信託はインデックス！

▼運用手法は2種類ある

「運用手法」とは、「どうやって運用するのか」です。運用手法には、「インデックス運用」と「アクティブ運用」があります。

インデックスとは、あらかじめ定められたベンチマークと同じ値動きを目指す運用手法です。

ベンチマークとは、運用の目安となる指数のことで、投資対象とするマーケット（資産カテゴリー）に応じて、日経平均株価（日本株）やNYダウ（米国株）、MSCI-コクサイインデックス（先進国株式）などがあります。インデックスとは、それらのマーケットの値動きに合わせた運用を目指します。

対してアクティブとは、ベンチマークを上回る成果を目指す運用手法です。運用担当者の腕次第で、その運用成果は大きく異なります。

▼インデックスに軍配

一般的に手数料は、インデックスが安く、運用に手間をかけるアクティブは高くなります。

また、値動きが安定しているインデックスに比べ、アクティブの値動きは激しく、長期的にインデックスを上回る運用成果を挙げているのはごくわずかと言われています。

他にも、運用方法の分かりやすさなどから、購入するならインデックスが現実的です。

一言解説 インデックスの呼び名

インデックスは、別名、パッシブとも言います。
積極的（アクティブ）に、ベンチマークを上回る運用を目指すアクティブに対して、ベンチマークという平均点狙いの運用は、消極的（パッシブ）だと捉えての表現です。

インデックスとアクティブの比較

	インデックス	アクティブ
内容	ベンチマークに連動した値動きを目指す	ベンチマークを上回る運用成果を目指す
値動き	比較的安定	ブレが大きい
手数料	安い	高い
分かりやすさ	ベンチマークと同じ値動きなので分かりやすい	独自の運用方針に従って運用されるので、運用状況の把握が難しい
購入後	運用方針は変わらないので、ほったらかしでもOK	運用担当者の変更など、運用方針が変わることもあり、こまめに動向をチェックする必要がある
運用実績	長期的には、総じて上昇傾向	長期的に、インデックス運用を上回るものは少ない

長期の積立投資を目的とする
NISAでは、インデックスが
よいでしょう！

ポイント！

つみたて投資枠のほとんどがインデックス

つみたて投資枠の対象商品のうち、インデックスタイプの投資信託は9割近くを占めています。これは、「長期の積立・分散投資に適した商品」の基準を満たせるアクティブタイプはごくわずかということになります。このことからも、積立投資においては、インデックスが基本と言えるわけです。

投資信託を理解しよう⑤（収益分配金）

分配型でも再投資に回そう

分配型と無分配型

収益分配金とは、投資信託での**運用収益を、定期的に投資家に分配するお金**です。

株式で言うところの、配当金のイメージですが、株式の配当金は、決算ごとに会社が支払うか否かを判断するのに対し、投資信託では、分配金自体を支払うか否かを、あらかじめ定めています。

基本的に定期的に分配金を支払う**「分配型」**と、分配金は支払わずに、収益を再投資する**「無分配型」**の2つがありますが、分配型であっても、運用状況によっては分配金が支払われない場合もありますし、その金額も、運用状況によって増減します。分配金額についても、ある程度の目安を定めていることが多いですが、それは約束されたものではないので、注意しましょう。

再投資重視で考える

長い目で見れば、「無分配型」の方が複利効果で資産を増やすことができるため、つみたて投資枠では、**無分配型を選ぶのが正解**です。

なお、支払われた分配金を受け取らずに、再投資に回す**「再投資型」**もあります。このタイプでも複利効果を得ることができるので、こちらでも問題はありません。

一言解説 分配金の種類

収益分配金には、収益部分を原資とする「普通分配金」と、元本部分を原資とする「元本払戻金（特別分配金）」があります。収益分配金のうち、元本払戻金の割合が大きい場合、実際にはそれほど儲かってはいません。分配金額に惑わされないようにしましょう。

分配金の原資は、運用資産からとる

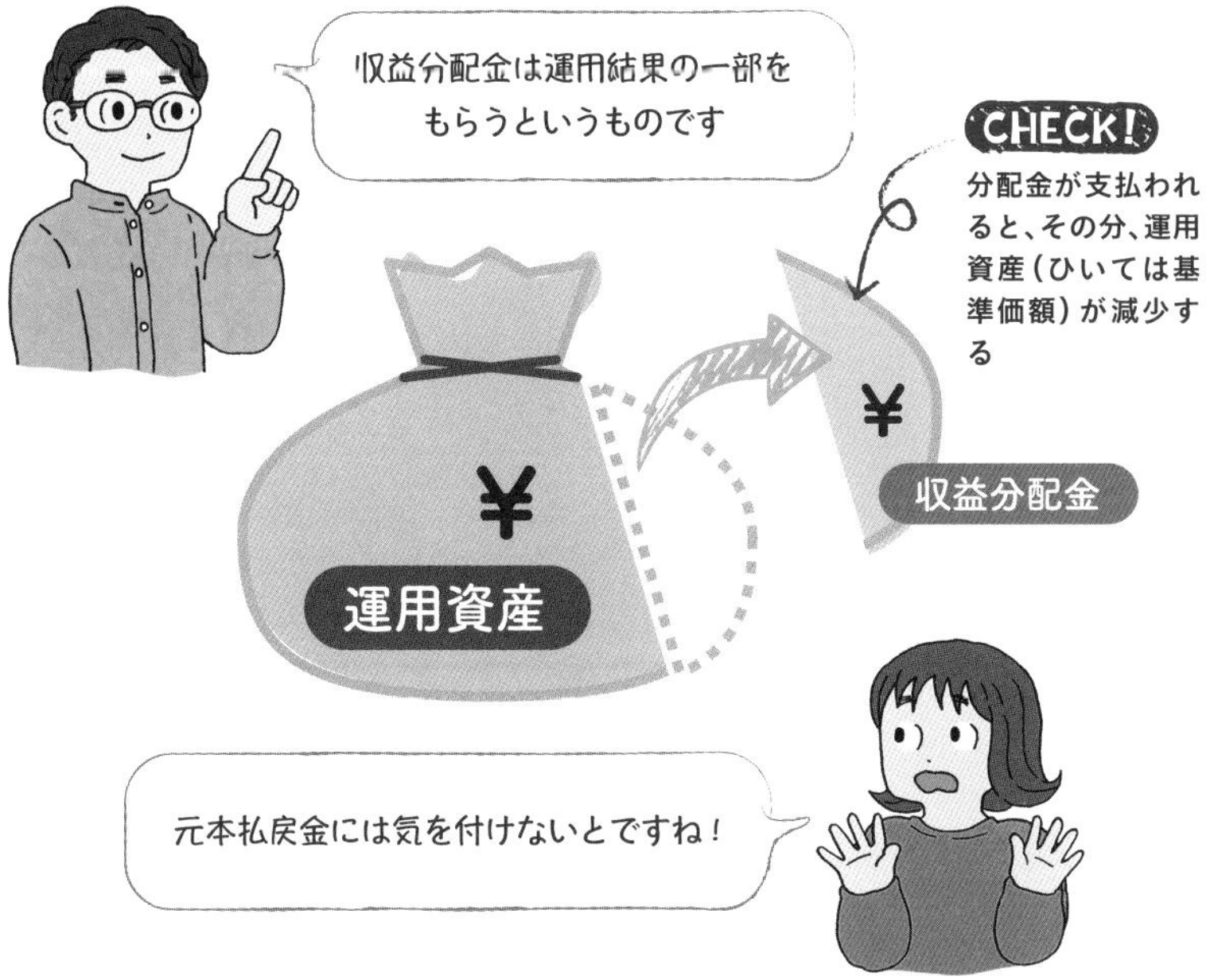
収益分配金は運用結果の一部を
もらうというものです
CHECK!
分配金が支払われると、その分、運用資産（ひいては基準価額）が減少する
¥
収益分配金
¥
運用資産
元本払戻金には気を付けないとですね！

分配金のタイプ

分配型	運用実績に応じて、定期的に分配金が支払われる
無分配型	分配金は支払われず再投資される
再投資型	支払われた分配金は受け取らずに再投資される

CHECK!
つみたて投資枠での正解（無分配型や再投資型が複利効果が見込める）

ポイント！

NISAでは毎月分配型は除外されている

分配金の頻度は、年1回や2回、毎月(12回)など商品によって様々ですが、その頻度が多いほど、運用効率は落ちます。すなわち、長期運用には適していないことから、「毎月分配型」は、つみたて投資枠(65ページ参照)、および成長投資枠からも除外されています(101ページ参照)。

つみたて投資枠ではETFは選ばない

投資信託を理解しよう⑥（ETF）

▼ETFのメリット

ＥＴＦ（Ｅｘｃｈａｎｇｅ Ｔｒａｄｅｄ Ｆｕｎｄ）とは、株式取引所に上場している投資信託で、ＴＯＰＩＸやＳ＆Ｐ５００など、特定の指数に値動きが連動する（インデックスタイプ）の商品です。

通常の投資信託は、1日1回公表される基準価額で取引されますが、ＥＴＦは、取引時間中はリアルタイムで変動する基準価額（市場価格ともいう）で売買できます。機動的な売買が可能ですが、ＥＴＦを売買できるのは証券会社のみで他の金融機関では取引はできません。

ＥＴＦの信託報酬は、通常の投資信託に比べて低く抑えられており、また、株式や債券だけでなく、不動産・金・原油などの値動きに連動したタイプなど、多くの種類があります。

▼つみたて投資枠では見送りたい

メリットの多いＥＴＦですが、以下の理由により、つみたて投資枠での利用価値は、さほど高くはありません。

近年、インデックス型投資信託のコストの引き下げが加速し、ＥＴＦの低コストのメリットは薄れています。また、種類が豊富なＥＴＦですが、つみたて投資枠の対象商品は10本足らずの見込みで、いずれも通常の投資信託でも投資可能な資産カテゴリーなので無理に選ぶ必要はありません。

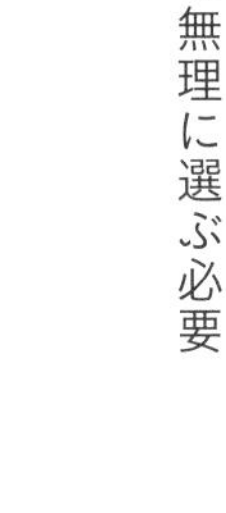

一言解説 アクティブタイプのETFがある

2023年９月に、国内で初の「アクティブ運用型ETF」が上場しました。今後、このアクティブETFがどの程度受け入れられるかは分かりませんが、現状においては、「ETFは、上場しているインデックスファンド」との認識でよいでしょう。

つみたて投資枠ではETFは魅力的ではない

★リアルタイムでの機動的な取引が可能

➡ 株式と同じように「指値注文」ができる

CHECK!
つみたて投資においては、ドルコスト平均法で買うのがよい

★信託報酬が安い

➡ 0.1％を切るものもある

CHECK!
通常の投資信託も十分に安い

★対象とする値動き（ベンチマーク）は、多種多様な種類がある

➡ 規模、業種、テーマ毎に細分化されたタイプもある
➡ ベンチマークの２倍の値動き、逆の値動きをするタイプもある

CHECK!
つみたて投資枠ではETF対象商品自体が少ない

つみたて投資枠ではETFは選びづらいです

ポイント！

ETFは投資信託のひとつ

ETFは、「投資信託」として、一括りにまとめて表記されることも多いです。しかし、通常の投資信託とは異なる特徴を持つことから、「投資信託・ETF」と分けて表記されることもあります。つみたて投資枠対象商品の表記では、「基準を満たした一定の投資信託」と「基準を満たした一定の投資信託・ETF」とが混在していますが、どちらも正解なのです。

つみたて投資枠での商品の選び方

投資信託の良し悪しは、ココを見る！

低コストのインデックス運用を選ぶ

それでは実際に積み立てるべき、投資信託の選び方を見ていきます。

まず、選ぶべき投資信託はインデックス運用です。

資産カテゴリーは、長期的な上昇（収益）が期待できる「株式」もしくは「株式を含むバランス型」がよいでしょう。

そして、信託報酬を必ずチェックします。保有期間中ずっとかかる信託報酬は、長期の積み立てでは大きな差となることから、少しでも低いものを選びましょう。

分配金は、収益が再投資される投資信託が長期投資向きです。

純資産総額と運用実績もチェック

純資産総額も必ずチェックしましょう。

純資産総額とは、投資信託の規模を表し、組み入れられている資産の時価評価額を指します。極端に少ないと思い通りの運用ができず、運用打ち切りになる可能性があります。

目安としては30億円未満、また、減少傾向のものは避けましょう。

そして過去の運用実績、すなわち基準価額の推移も必ずチェックします。長期的に右肩上がりで、十分な利回りが過去平均から得られているかを確認しましょう。

これらのチェック項目は、次項の「目論見書」で確認することができます。

一言解説 運用打ち切り

運用打切りになると運用資金はその時点で清算され、現金で戻ってきます。つまり、投資家の意思に関係なく資産が売却されることで、相場状況によっては不利益を被るかもしれません。また、新たに積み立てる投資信託を探す手間からも、運用打切りの可能性がある投資信託は避けたいものです。

NISAで買うべき投資信託のチェック項目

☑ **運用方法**
確認項目 ▶ インデックスか、アクティブか
CHECK! インデックス運用一択

☑ **資産カテゴリー**
確認項目 ▶ 投資先の分野
CHECK! 株式、もしくは株式を含むバランス型

☑ **手数料**
確認項目 ▶ 信託報酬の料率
CHECK! 低いほどよい（下記ポイント参照）

☑ **分配金**
確認項目 ▶ 分配金の有無・再投資されているか
CHECK! 無分配金型もしくは再投資型

☑ **純資産総額**
確認項目 ▶ 投資信託の時価総額の大きさ、推移
CHECK!
・30億円以上
・減少傾向でないこと

☑ **運用実績**
確認項目 ▶ 基準価額の動き・利回り
CHECK!
・長期的には右肩上がりが理想
・利回りは過去の平均を見る

データを
見るときの
指針ですね！

ポイント！

インデックス運用は信託報酬で選ぶ

インデックス運用の場合、ベンチマークが同じであれば、基本的にその運用成績は、どの投資信託も変わりません。すなわち、その信託報酬の差が、そのまま運用成績の差につながります。
同じベンチマークのインデックス運用であれば、できるだけ信託報酬の低いものを選びましょう。

購入判断に必要な目論見書の確認

▼交付目論見書と請求目論見書

「目論見書」とは、その投資信託の購入を判断するために必要な情報が説明されており、ネットを介して、投資信託を販売する金融機関や運営している企業のサイトで閲覧することができます。

目論見書には、基本的な情報が記載された交付目論見書と、追加的な詳細情報が記載された請求目論見書がありますが、通常、我々が確認するのは交付目論見書です。

▼各項目の確認ポイント

目論見書で確認すべきポイントは以下のとおりです。

「ファンドの目的・特色」では、その投資信託の運用方法が確認できます。また、対象ベンチマークを確認することで、投資先の資産カテゴリーがわかります。

「投資リスク」は、その投資信託における値動きの変動要因をリスクとして確認できます。

「運用実績」は、基準価額と純資産総額の金額や推移、年間収益率（1年あたりの利益率を騰落率で表示される）を見て、上昇傾向にあるか確認しましょう。分配金についても「分配の推移」で確認できます。

「手続・手数料等」は手数料、とくに、長期運用で重要となってくる信託報酬の確認は欠かせません。

一言解説 目論見書の違い

交付目論見書は、販売会社から投資家に、事前もしくは購入時に交付が義務付けられています。請求目論見書は、投資家からの請求があったときに交付する資料です。

単に目論見書と言う場合、通常、交付目論見書を指します。

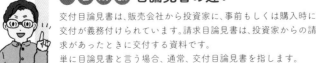

目論見書のチェック箇所

目論見書の確認方法

CHECK!
証券会社のサイトで
目論見書は確認できる

SBI証券の投資信託ページより

目論見書でチェックすべき項目

投資信託の目的・特色

- インデックス運用である旨の記載を確認する

例)○○○の値動きに連動する投資成果をめざします。

- ベンチマークの確認

CHECK!
自分が投資したい資産カテゴリーか？

投資リスク

- 値動きの変動要因(各種リスク)の確認する

気を付ける

価格変動リスク 投資先の株価、債券価格、不動産価格等の変動により、基準価額が変動するリスク

信用リスク 投資先の破綻などによる株価、債券価格などの大幅下落により、基準価額が変動するリスク

流動性リスク 株や債券の流通量が少なく、思い通りのタイミングや価格で取引できずに不利な取引となり、不利益を被るリスク

為替リスク 為替相場の変動により、基準価額が変動するリスク

カントリーリスク 投資先の国・地域のクーデターなどで、各種のリスクが大きくなる可能性がある。特に新興国の時は気を付けるべきリスク

運用実績

- 基準価額と純資産総額の推移をグラフで確認する

CHECK!
右肩上がりになっているか？

現在の金額も確認(30億円以上が目安)

- 年間収益率の確認
- 分配金の推移を確認

CHECK!
過去に分配金が支払われていない
ことを確認(設定来累計が0円)

手続・手数料等

- 「ファンドの費用」欄にて、
手数料(信託報酬など)を確認する

CHECK!
信託報酬は、同タイプの
投資信託と比べて、より
低いものを選ぶ

つみたて投資枠での候補商品①（日本株）

購入すべき国内株投資信託

▼株式の収益性を取り込む

NISAにおいては、**株式の収益性はしっかり取り込んで運用したい**ものです。株式の値動きは激しく、短期的には大きなリスクを伴いますが、長期的には、預貯金を大きく上回る収益を上げています。

　身近で情報が得やすく、投資判断がしやすい日本株を検討すべきでしょう。近年では、コロナショックやリーマンショック時に大幅に下落しましたが、その後、株価は回復し、**長期的には堅調な運用成果を上げ続けています**。平均すれば6～7％程度の利回りが期待できます。

　とはいえ、将来にわたって確実に収益が見込める個別銘柄を判断するのは（運用のプロにとっても）至難の業です。そんな理由からも、「相場全体の収益に乗っかれる」インデックスタイプが候補となるのです。

▼人口減でも、十分に期待

　将来的に人口減による経済縮小が危惧される日本経済ですが、世界の人口は増加傾向で、世界経済の拡大は確実視されています。

　国内にも、世界を相手に取引するグローバル企業は多く、その意味では、日本経済、ひいては日本株の将来は十分に期待できると考えられます。

一言解説　インフレ対策にも

将来、国内の金利や物価の上昇が顕著となれば、それは相対的に現金価値の目減りとなり、実質的には損失を被ることになります。これをインフレリスクといい、このリスクを避けるためには、（金利や物価が上昇する）景気拡大時には上昇が見込まれる株式投資は不可欠なのです。

国内株投信

総合力に優れた
日本株ファンド

eMAXIS Slim国内株式（TOPIX）

- 日本株全体の収益性・成長力を取り込むことができるファンド
- ベンチマークのTOPIX（東証株価指数）は、旧東証第１部の約2,200銘柄を対象としている
  →非常に多くの銘柄を対象としていることから、分散投資効果が高い
  →国内の株式市場全体の値動きをしっかりと捉えることができる
- 信託報酬は、業界最低水準
- 1,000億円に迫る純資産総額は、十分な規模を誇る

DATA

運用会社●三菱UFJ国際投信	純資産総額●997.79億円
ベンチマーク●TOPIX（配当込み）	利回り（過去５年間平均）●8.97%
信託報酬●0.143%	基準価額●17,839円

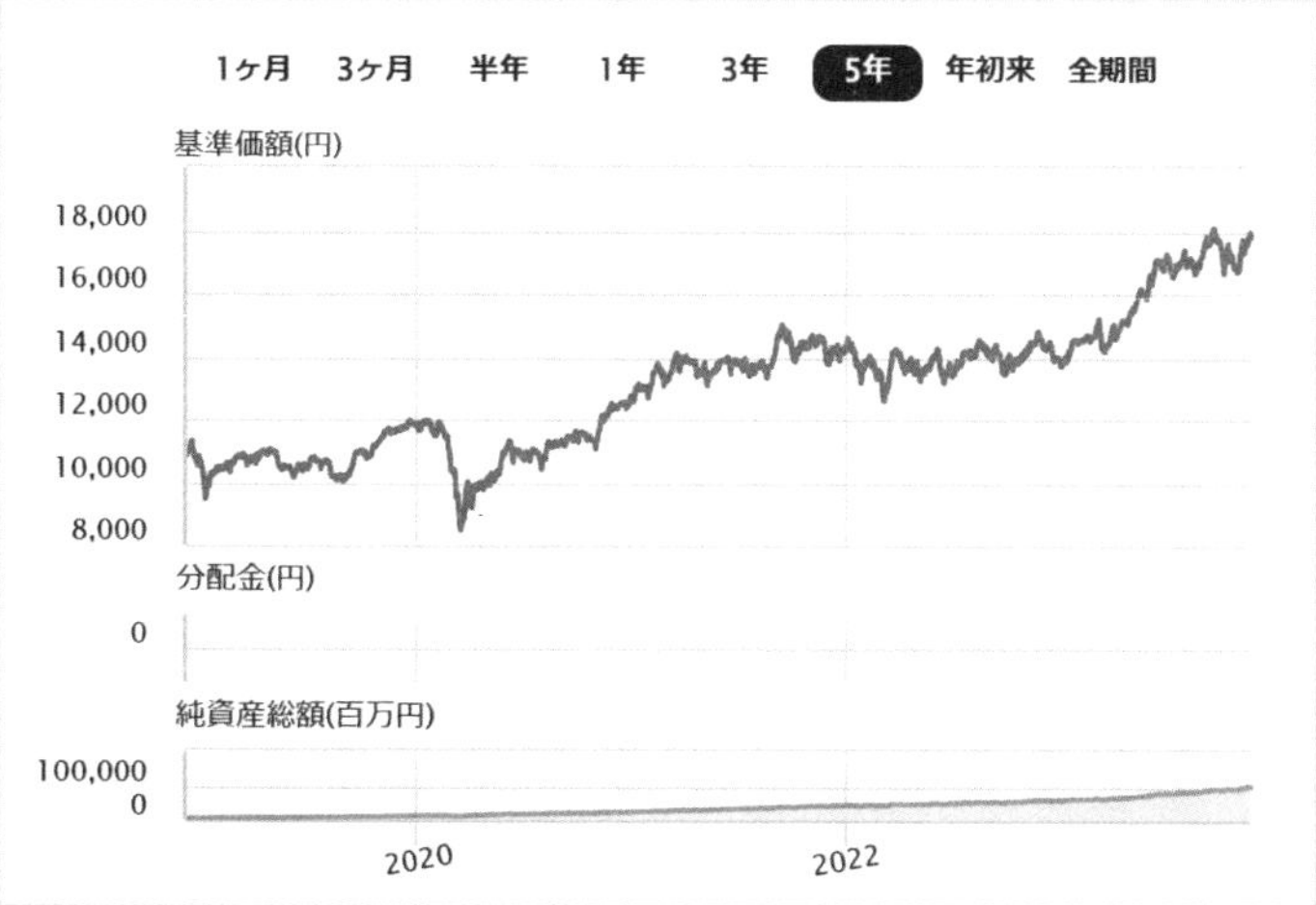

2023年11月時点

国内株投信

日本を代表する主要企業に投資

<購入・換金手数料なし>ニッセイ・日経平均インデックスファンド

- 日本を代表する主要企業にまとめて投資できる
- ベンチマークの日経平均株価は、東証プライム市場に上場する銘柄のうち、代表的な２２５銘柄を対象としている
  →TOPIXに比べて、投資対象とする銘柄数を絞り込んでいるので、より「純度の高い」投資ができる
  →日本を代表する株価指数なので、新聞やニュースなどで情報を得やすい
- 日経平均株価のインデックスファンドとして、十分な純資産総額、最低水準の信託報酬を誇る
- 設定から7年超と、比較的長い運用期間は安心できる

DATA

運用会社●ニッセイアセットマネジメント	純資産総額●635.31億円
ベンチマーク●日経平均株価(配当込み)	利回り(過去５年間平均)●9.05%
信託報酬●0.143%	基準価額●21,073円

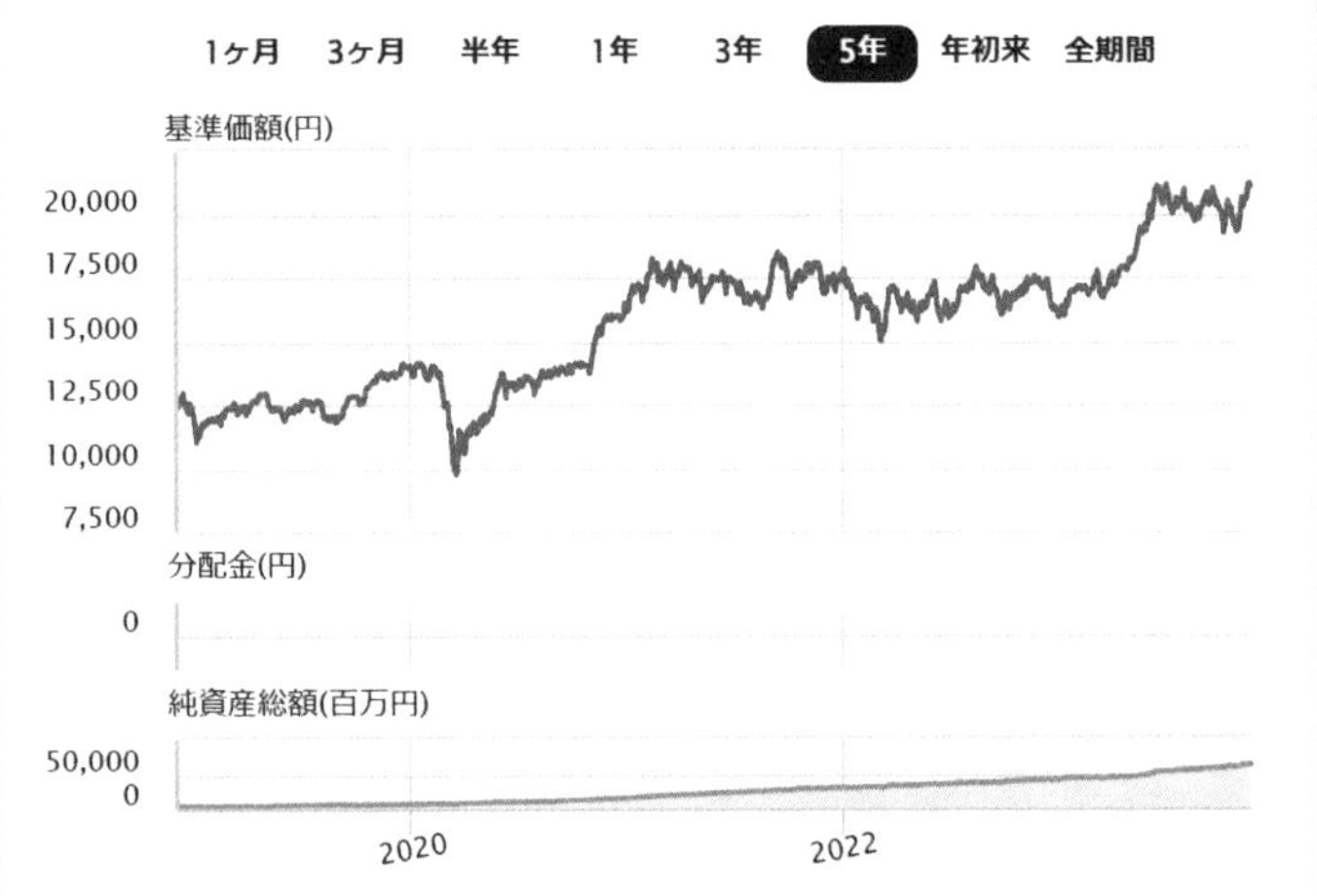

2023年11月時点

国内株投信

「投資魅力の高い会社」に分散投資

＜購入・換金手数料なし＞ニッセイ・ＪＰＸ日経400インデックスファンド

- 独自の判断基準で、投資魅力に優れた銘柄をチョイス
- ベンチマークのJPX日経400は、東京証券取引所に上場する銘柄の中から、ROE（効率的に利益を上げたか）・営業利益・時価総額などを基にピックアップされた、「投資する人にとって魅力の高い」400銘柄で構成されている
  →国内株式の代表的な指数であるTOPIXや日経平均株価とはまた違った視点から、日本株に投資できる
- 信託報酬はやや高いものの、JPX日経400のインデックスファンドとしては、業界最低水準
- 設定から9年弱と、比較的長い運用期間は安心できる

DATA

運用会社●ニッセイアセットマネジメント	純資産総額●83.10億円
ベンチマーク●JPX日経400（配当込み）	利回り（過去5年間平均）●9.05%
信託報酬●0.2145%	基準価額●19,422円

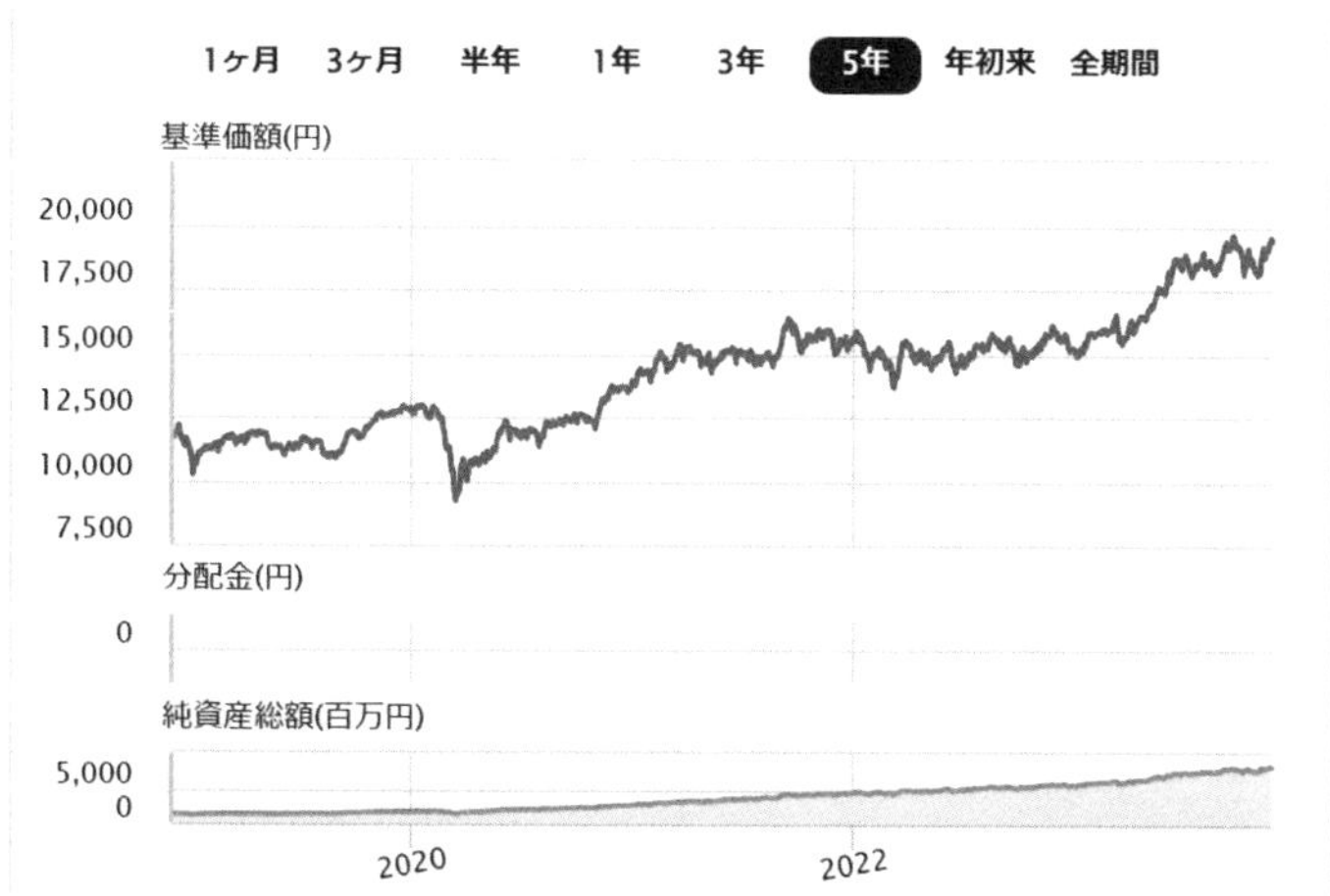

2023年11月時点

つみたて投資枠での候補商品②（外国株）

購入すべき外国株投資信託

▼世界の経済成長を取り込む

国内資産だけでなく、外国資産も組み入れることで、より分散投資の効果を高め、安定した運用ができます。また、外国株式に投資をすることは、世界全体の経済成長を取り込みます。利回りは10％前後とリターンが大きい分、リスクもありますが、積極的な長期投資でどこまでリスクをとるかでしょうか。

▼アメリカは外せない

新興国も成長という点では魅力ですが、経済・政治情勢の安定している先進国に、優先して投資しましょう。

中でも世界最大の経済大国であり、世界経済をけん引するアメリカへの投資は外せません。

将来的にも、世界の経済成長を取り込み、ますます発展していく可能性は高く、アマゾンやアップルといった超有名企業にも、投資信託を通じて投資できることは大きな魅力です。

▼円安への備えとして

さらに外国資産に投資をすることは、通貨の分散にもなります。近年の円安傾向からの物価全体の値上がりにより、「資産を円のみで持つリスク」は顕在化しています。

今後の円安に備える意味でも、外国資産は欠かせません。

一言解説 円安とは？

1米ドルを交換するのに150円かかるなど、円に対して、米ドルやユーロといった外貨の価値が高くなることを円安と言います。その逆に外貨の価値が低くなるのが円高です。
外国資産は外貨で建てています。外国資産を保有することは、将来的な円安への備えになるのです。

外国株投信

超低コストで
全世界の株式に投資

eMAXIS Slim全世界株式(オール・カントリー)

- 「オルカン」の愛称で、知る人ぞ知る超人気ファンド
- 1本で、先進国・新興国含め、全世界の株式に投資できるので、世界全体の経済成長をしっかりと取り込むことができる
- ベンチマークのMSCIオール・カントリー・ワールド・インデックスは、先進国23ヵ国・新興国24ヵ国を投資対象としており、分散投資効果が高い
  →米国株の比率が最も高くて約6割を占め、日本株式の比率も5.5%ある
- 信託報酬0.05775%と超低コスト
- 純資産総額は1兆円超と、業界トップクラスの規模を誇る

DATA

運用会社●三菱UFJ国際投信
ベンチマーク●MSCIオール・カントリー・ワールド・インデックス(配当込み・円換算ベース)
信託報酬●0.05775%
純資産総額●16,831.86億円
利回り(5年間平均)●13.90%
基準価額●20,772円

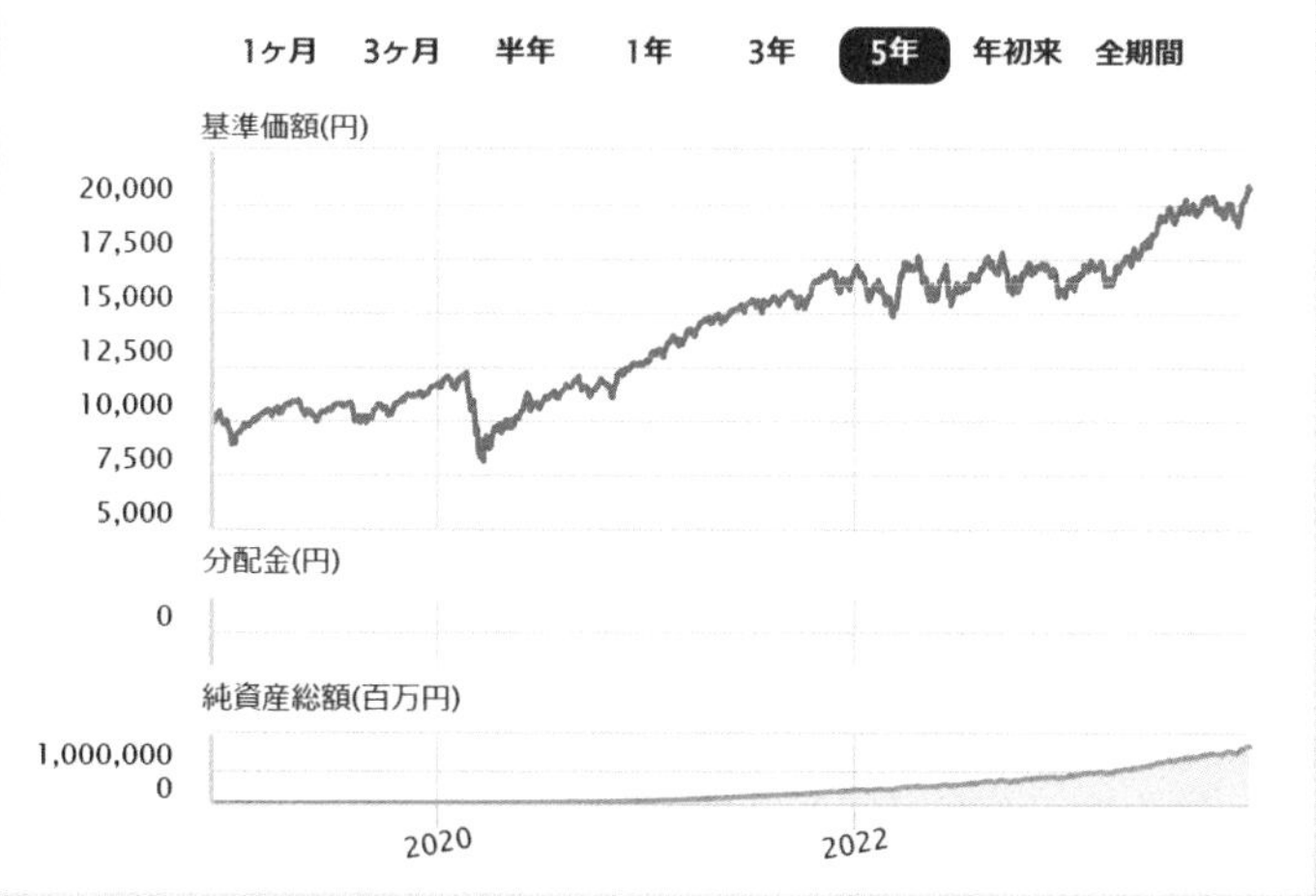

2023年11月時点

外国株投信

運用期間10年超、世界中の先進国に投資

<購入・換金手数料なし>ニッセイ・外国株式インデックスファンド

- 日本を除く、世界中の主要先進国の株式に分散投資することができる
- ベンチマークのMSCIコクサイ・インデックスは、世界の主要先進国22ヵ国を投資対象としている
  →米国株の比率が最も高く、7割超を占める
  →日本株式は含まれていないので、日本株ファンドや、国内株式の個別銘柄を保有している人にとっては、分散投資の観点からお勧め
- 0.1%を切る信託報酬は、業界最低水準
- 設定から10年超と、比較的長い運用期間は安心できる

DATA

運用会社●ニッセイアセットマネジメント	純資産総額●5,925.95億円
ベンチマーク●MSCIコクサイ・インデックス(配当込み、円換算ベース)	利回り(5年間平均)●15.21%
信託報酬●0.09889%	基準価額●33,011円

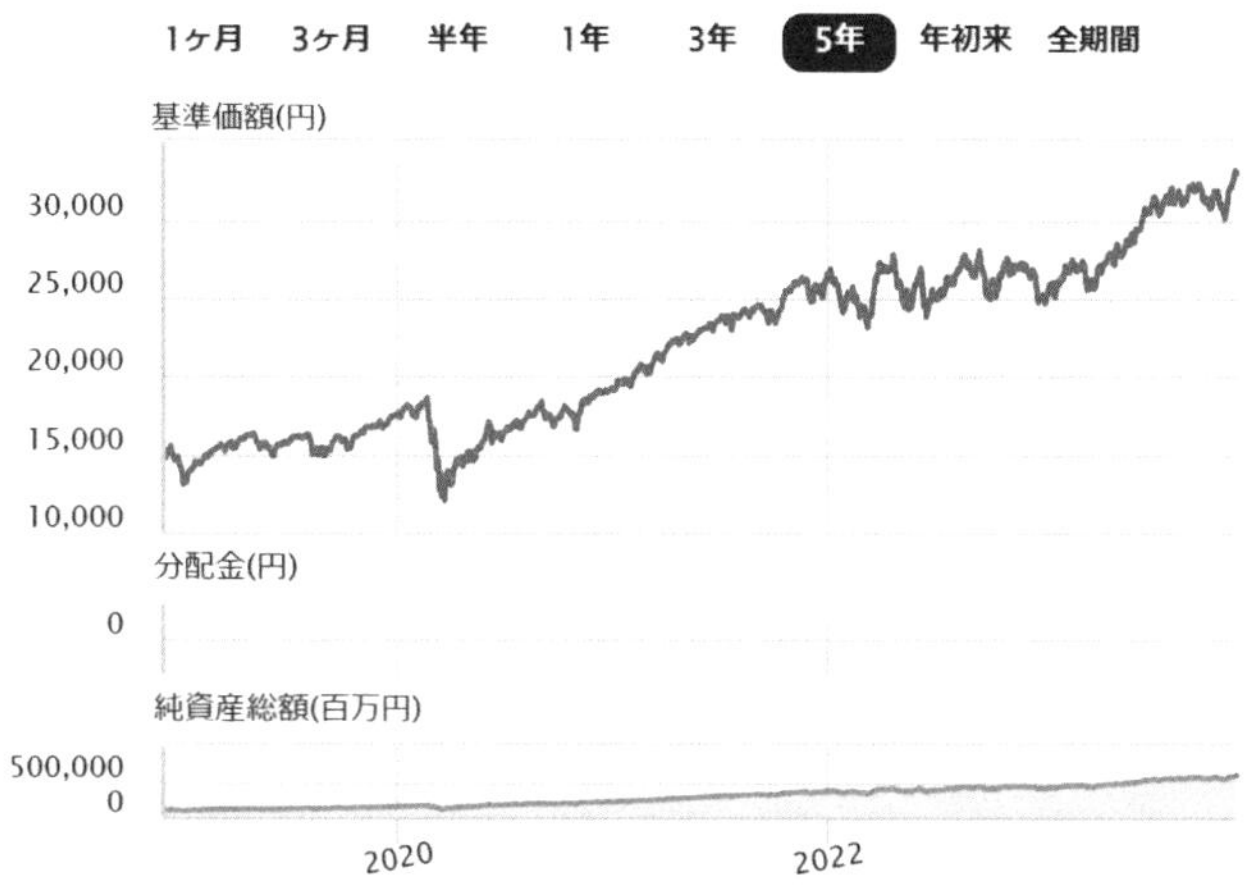

2023年11月時点

外国株投信

米国株に集中投資する
超巨大ファンド

eMAXIS Slim米国株式（S&P500）

- 世界最大の経済大国であり、今後も高い経済成長が期待できるアメリカに集中投資する
- ベンチマークのS&P500は、ニューヨーク証券取引所とナスダックに上場している銘柄のうち、代表的な500銘柄で構成されている
  →ダウ平均株価（アメリカの主要30銘柄が対象）に比べて、市場全体に近い動きをする
  →アップル、マイクロソフト、アマゾンといった、世界経済をけん引する企業が組入上位を占める
- 0.1％を切る信託報酬は、業界最低水準
- 純資産総額は3兆円に迫る国内最大規模のファンド

DATA

運用会社●三菱UFJ国際投信
ベンチマーク●S&P500指数（配当込み、円換算ベース）
信託報酬●0.09372%
純資産総額●28,996.20億円
利回り（5年間平均）●17.05%
基準価額●24,191円

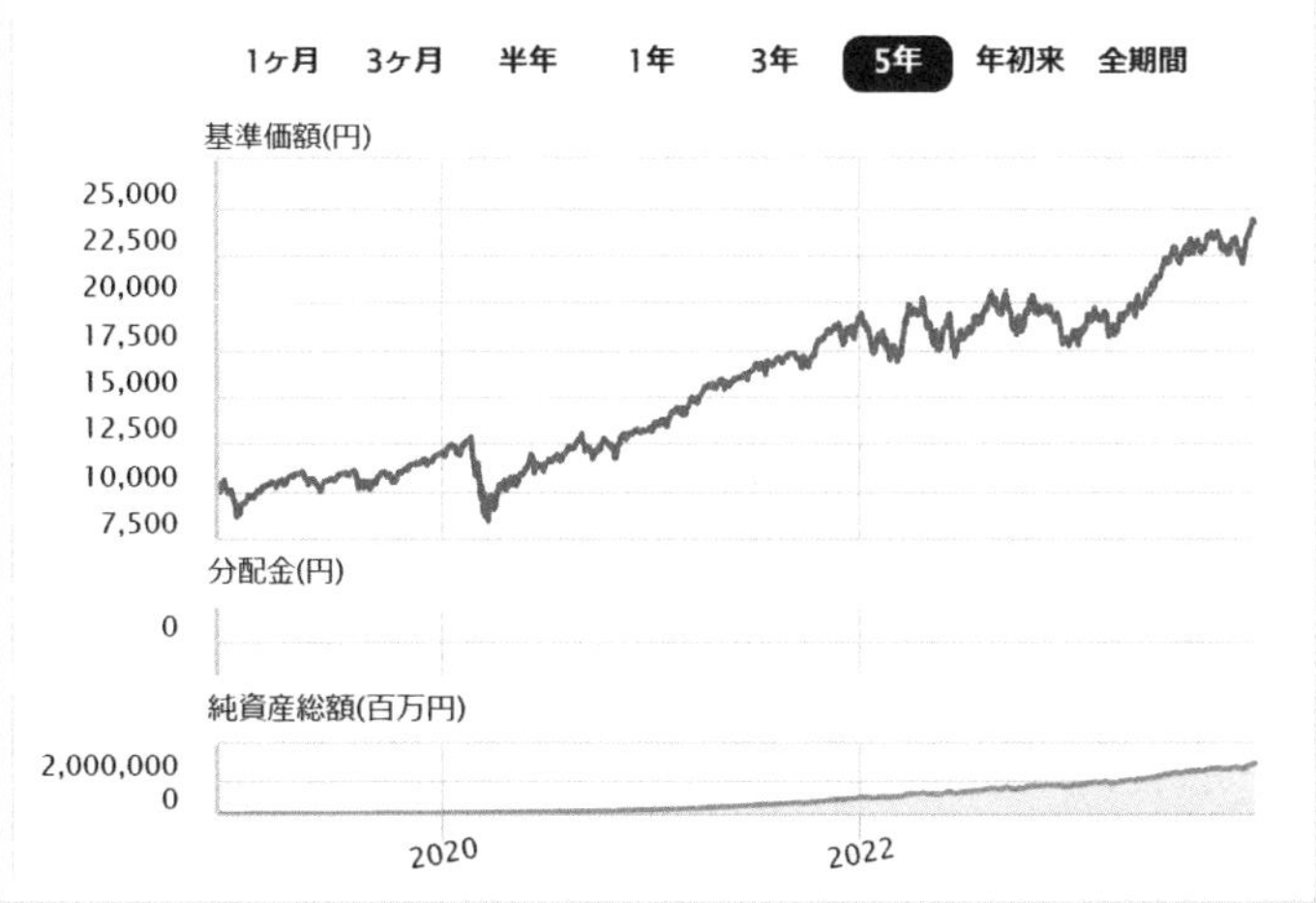

2023年11月時点

つみたて投資枠での候補商品③（バランス型）

購入すべきバランス型投資信託

複数資産に分散投資

バランス型とは、国内外の株式、債券、不動産といった**複数の資産カテゴリーに、一定の割合（バランス）で投資できるタイプ**です。投資対象とする資産カテゴリーとその割合は、商品によって様々です。

債券、不動産も組み合わせて

株式だけでなく、債券や不動産といった資産カテゴリーを組み合わせたタイプは、分散投資効果によって、よりリスクを抑えた運用ができます。

とくに債券の割合が多いタイプであれば、より安定した運用が見込まれ、それが国内債券であれば、なおさら手堅い運用が見込まれます。

組み合わせる**資産カテゴリーの種類が多いほど、一般には、より分散投資効果は高まります。**リターンは低くはなりますが、それでも3〜5%程度は狙うことができます。

つみたて投資の有力候補

かつては、複数資産の管理には手間がかかることから、バランス型の信託報酬は高めでした。

近年では、**信託報酬の低いものも増えてきて**、長期・分散投資の有力候補になっています。本書では、より信託報酬の低いものを紹介します。

一言解説　バランス型もインデックス

多くのバランス型では、各資産カテゴリーにおいては、各ベンチマーク（国内株式であればTOPIXなど）に投資することから、「インデックス運用」に分類されます。
つみたて投資枠の対象商品の大半はインデックス運用ですが、その中の半数近くがバランス型です。

バランス型投信

究極の分散投資で
リスクを抑える

eMAXIS Slimバランス(8資産均等型)

- 1本で8つもの資産カテゴリーに分散投資をするので、リスクを抑えて、手堅い投資ができる
- 資産カテゴリーと投資比率

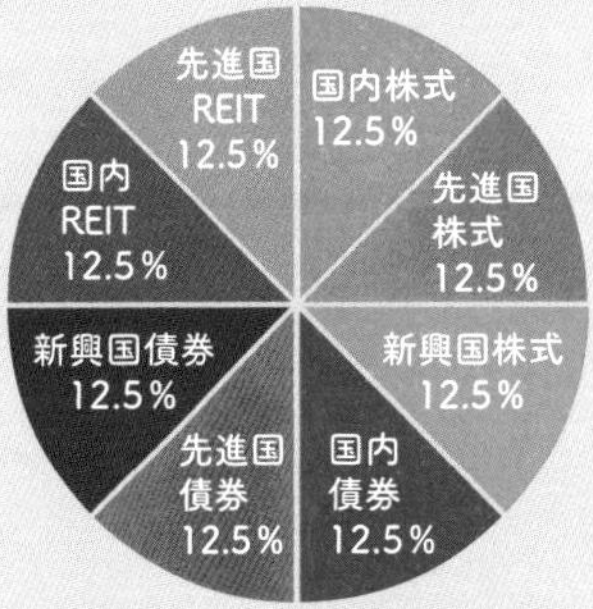

国内株式・外国株式(先進国)・外国株式(新興国)・国内債券・外国債券(先進国)・外国債券(新興国)・国内不動産・外国不動産(先進国)に12.5%ずつ

- 信託報酬は業界最低水準の0.143%

DATA

運用会社●三菱UFJ国際投信　純資産総額●2,321.81億円　基準価額●15,093円
信託報酬●0.143%　利回り(5年間平均)●6.80%

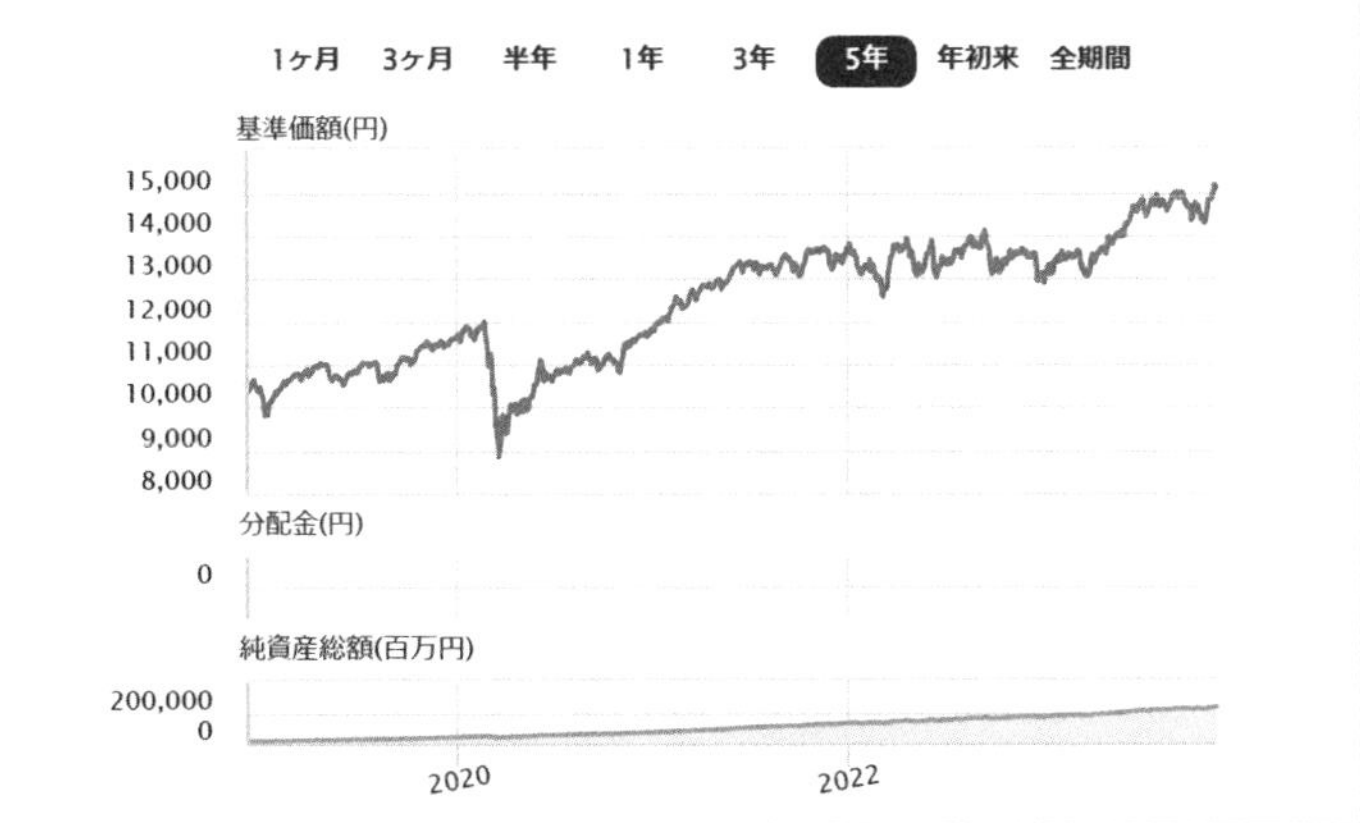

2023年11月時点

バランス型投信

主要資産に絞って シンプルに分散投資

<購入・換金手数料なし>ニッセイ・インデックスバランスファンド(4資産均等型)

●国内外の株式、債券という4つの主要資産カテゴリーに均等投資するシンプルな低コストタイプ

●資産カテゴリーと投資比率

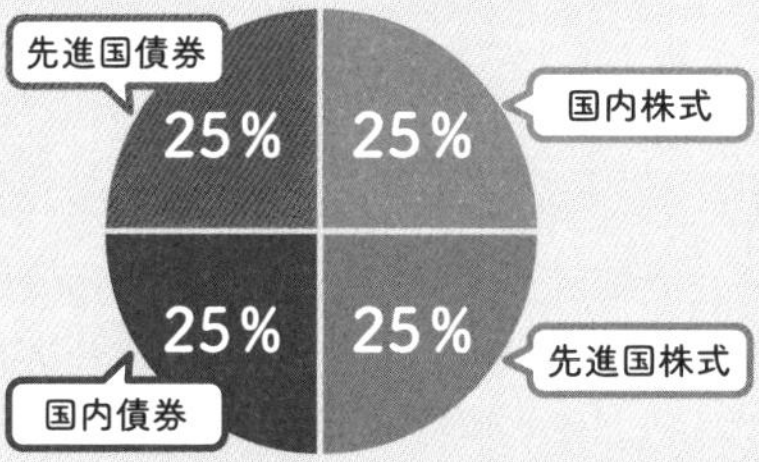

国内株式・外国株式(先進国)・国内債券・外国債券(先進国)に25%ずつ

●GPIF※の資産バランスに近く、長期投資に向いている

※年金積立金管理運用独立行政法人。長期分散投資を基本として、公的年金制度における年金積立金の運用を行っている

●設定から8年超と、比較的長い運用期間は安心できる

DATA

運用会社●ニッセイアセットマネジメント		純資産総額●382.42億円
信託報酬●0.154%	利回り(5年間平均)●6.99%	基準価額●16,343円

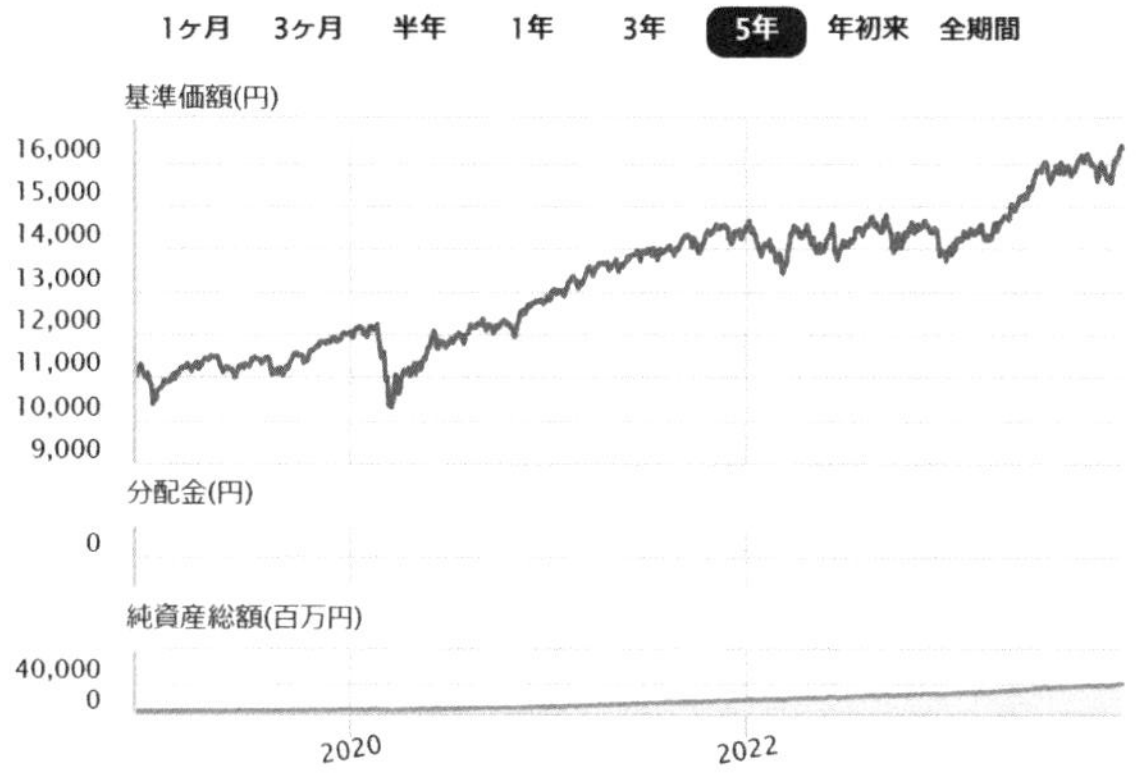

2023年11月時点

バランス型投信

株式に集中しつつ
バランスよく投資

eMAXIS Slim全世界株式（3地域均等型）

●国内と外国、先進国と新興国との観点から、株式資産にバランスよく投資

●資産カテゴリーと投資比率

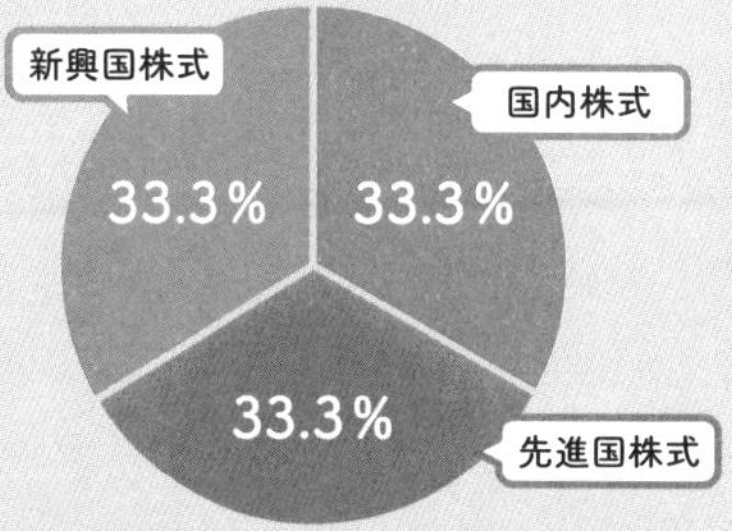

国内株式・外国株式（先進国）・外国株式（新興国）に3分の1ずつ

●信託報酬0.05775％は、驚異の低コスト

●すべて株式なので、大きなリターンが期待できる

DATA

運用会社●三菱UFJ国際投信　純資産総額●95.64億円　基準価額●17,042円
信託報酬●0.05775%　利回り（5年間平均）●10.73%

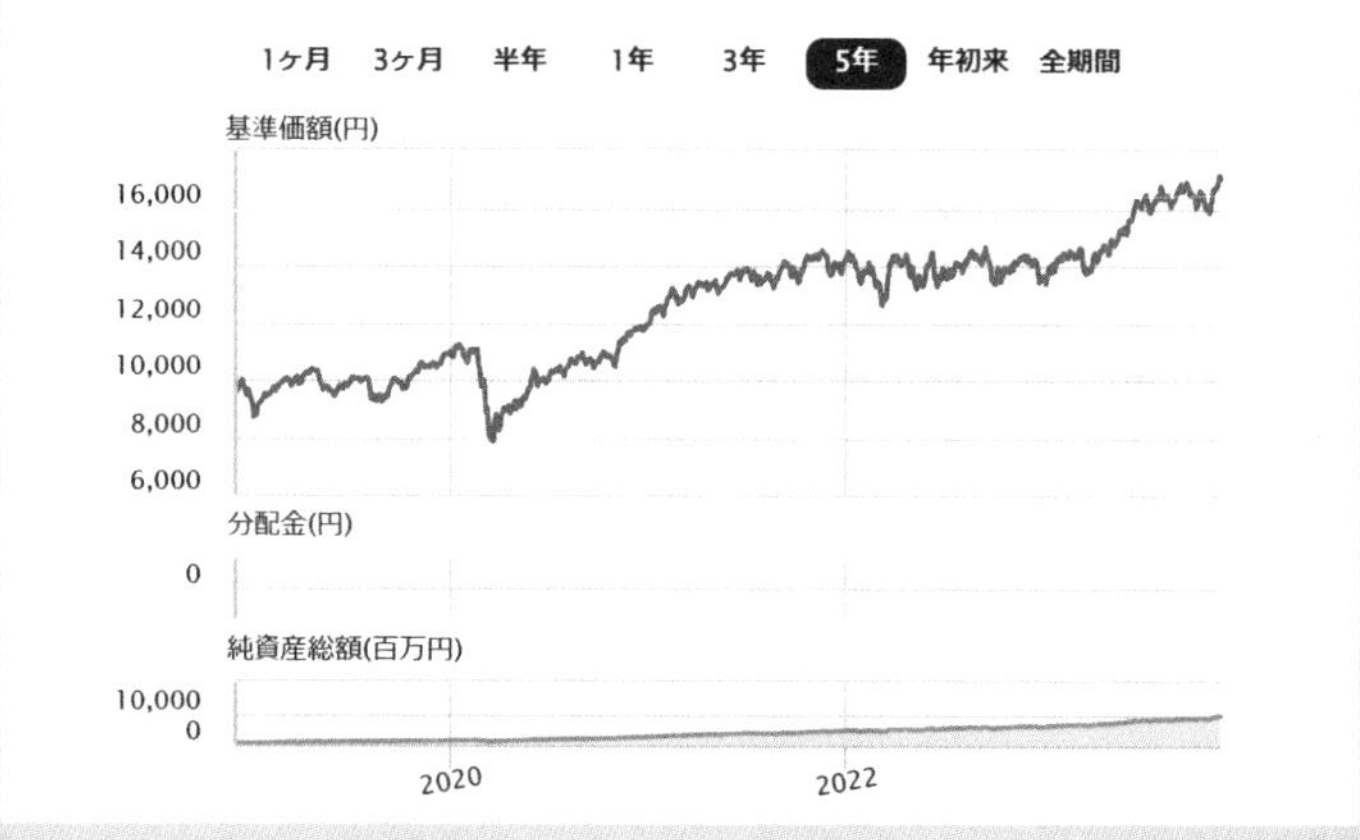

2023年11月時点

つみたて投資枠での売買タイミング

いつ買う？ いつ売る？

購入タイミングよりも、今すぐ始めること

つみたて投資枠での「購入」のタイミングですが、毎月、一定金額を自動的に購入していくつみたて投資では、購入タイミングについてはまったく考える必要はありません。

安く購入できる時期を待つのではなく、時間を味方につけるべく、少しでも早くつみたて投資を始めることが大切です。

売却タイミングは、老後の取り崩し

長期投資を前提とするつみたて投資枠では、基本的には、「老後資金として取り崩していく」スタンスが正解です。

もちろん、具体的なタイミング（いつから、いくら、どれだけの期間にわたって取り崩すか）は、人それぞれです。たとえば、「60歳から65歳まで年間150万円必要」や「65歳から85歳まで年間50万円」など、自身の退職（リタイア）時期や受取年金額に応じて、あらかじめ、見込みをつけておきましょう。

見込みをつけることで、今、必要な投資金額（積立額）や目標利回り、ひいては積み立てる商品の選択などに大きな判断材料となることでしょう。

一言解説　見込みはあくまで見込み

「見込み」に、あまりに縛られると窮屈です。
売却（取崩し）のタイミングについては、あくまでも、現時点での「見込み」で大丈夫です。
今後の状況変化はあるものとして、柔軟に対応していけばよいのでしょう。

つみたて投資枠での売却(取崩し)タイミングの例

① 60才からの5年間

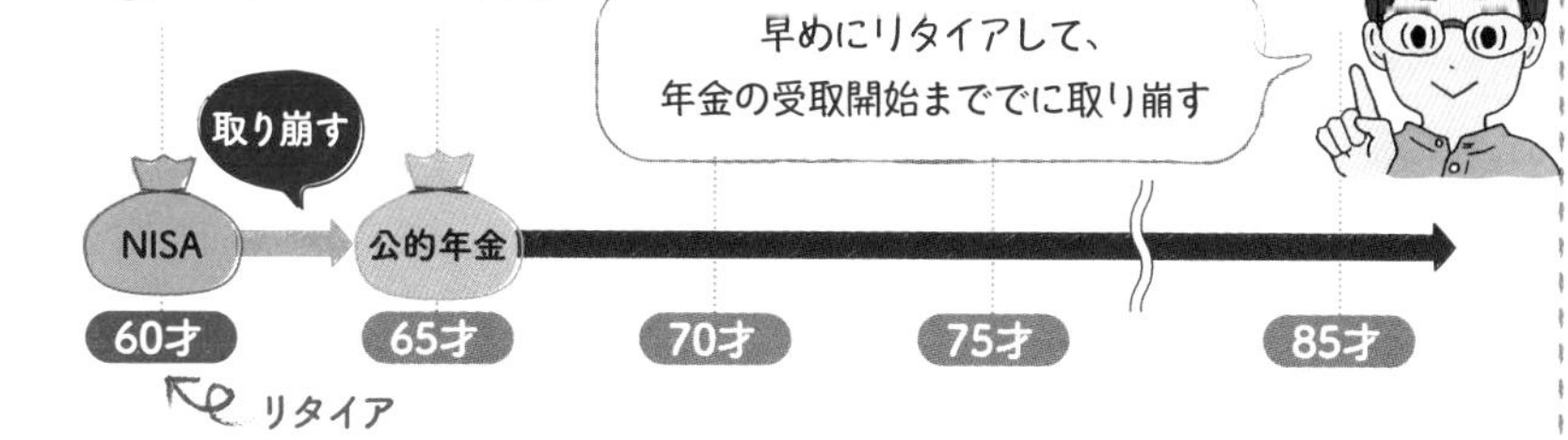

② 65才からの20年間

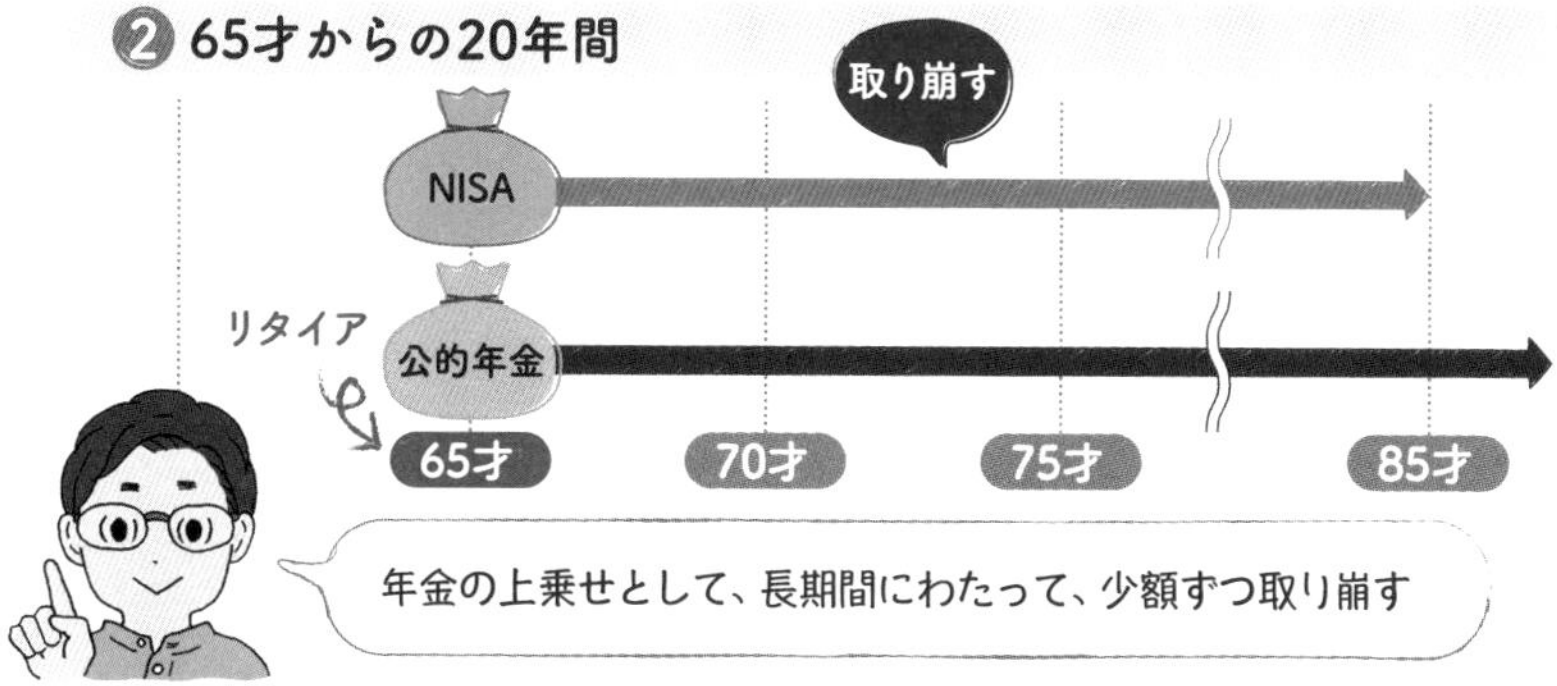

③ 75才からの10年間

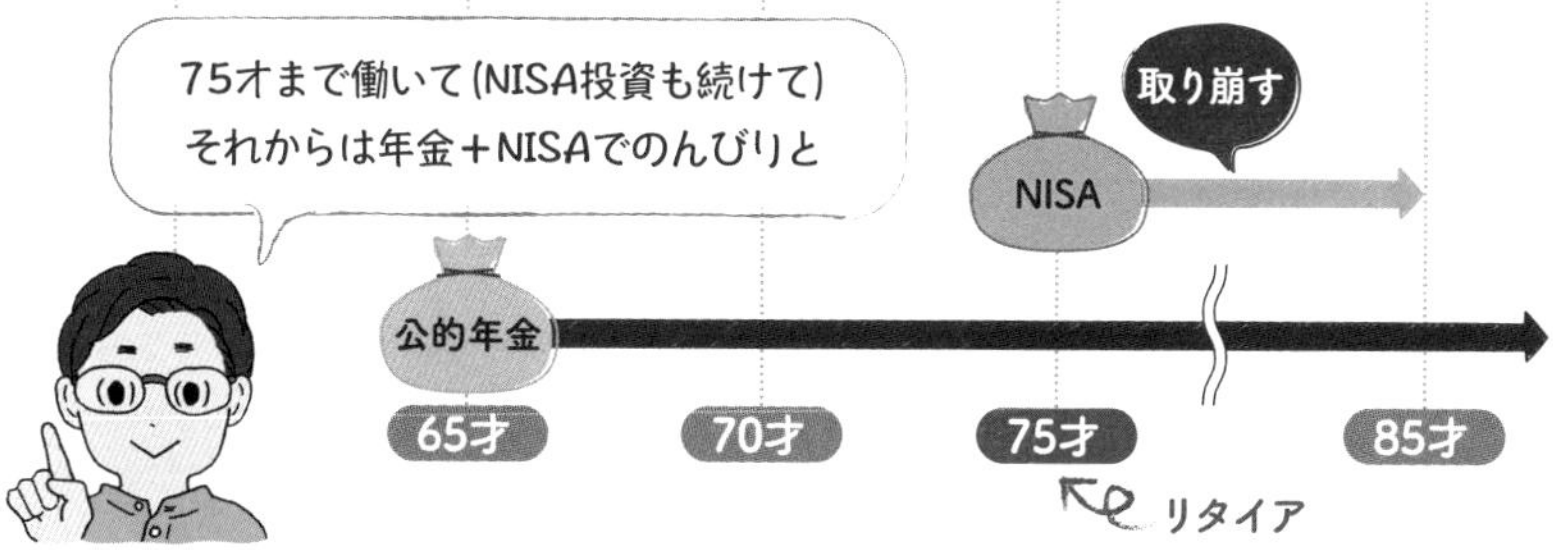

ポイント!

NISAはiDeCoよりも自由度は高い

NISAは、何歳になっても、(収入があり、資金的に余裕があれば)新規投資をして、運用資金を増やすことができます(iDeCoの新規加入は65歳まで)。

また、「原則60歳まで出金不可」のiDeCoと違って、いつでも出金できるNISAでは、万が一、想定よりも早いタイミングで資金が必要になっても安心ですね。

Cloumn 3

投資でやらないほうがいいこと

▼やってはいけない2つのこと

投資において、とくにやってはいけないことが2つあります。

ひとつは、**「常に値動きが気になって、必要以上に一喜一憂してしまうこと」**。

資産が増減すれば、ある程度は気になるものですが、他のことが何も手につかないほどに気になるとすれば、それは大いに問題です。

もうひとつは、**「投資をやめてしまうこと」**。

大損をしたときなど、勢いで、投資資産をすべて売り払ってしまう人も少なくありません。

しかし、大きな上昇相場は突然やってくるものです。そのとき、投資をやめていると、その上昇に乗れず、資産形成の絶好のタイミングを逃してしまいます。

▼積み立てで解決

そんな「やってはいけないこと」を解決する投資法が、**「積立投資」**です。

いったん積み立てを設定すれば、基本的にほったらかしなので、値動きは気にならず、よほどのことがない限り、いったん設定した積み立てをわざわざ解除することは稀で、ひたすら買い続け、投資をやめてしまうこともありません。

そんな視点からもＮＩＳＡでは「積み立て」がお勧めなのです。

第4章

株式投資の基本と見方を知ろう（成長投資枠）

PART 4

つみたて投資枠と成長投資枠どちらを使うべき？

株式投資ができる成長投資枠

▼自由がきく成長投資枠

つみたて投資枠に比べ、成長投資枠の対象商品は非常に幅広く、また、購入方法は積み立てに限らず、好きなタイミングでの購入ができます（20ページ参照）。

つまり、成長投資枠は、つみたて投資枠に比べて、**売買に自由**がきくようになります。

ですが、自由にできるということは、リスクも大きくなりがちです。はじめてのNISAではつみたて投資枠で資産形成の土台をしっかり築くことが先決です。長期・分散投資のもと、つみたて投資枠を第一にし、成長投資枠での投資はその次に考えるものです。

▼成長投資枠では株式投資が中心

成長投資枠では購入できる金融商品はいくつかありますが、**中心としたいのは、株式投資**です。

企業の業績や財務内容を調べ、個々の企業に投資をする株式投資は、投資信託に比べ、個別銘柄の選択、狙った株価（取引に使われる株式の価格）で売買できる取引は、投資信託の積み立てでは得られない面白さ、そして大きな収益も期待できます。

本章では、成長投資枠を通して株式投資のしくみを中心に解説、NISAで購入すべき「高配当株」「優待株」「割安・成長株」を紹介、その具体的な候補銘柄を挙げていきます。

一言解説 株式を知ることの利点

投資信託の投資先は、その多くが株式です。

株式投資の知識を身に付け、実際に銘柄を選んで投資をすることは、つみたて投資枠で積み立てる投資信託の理解を深めることになります。結果、メインであるつみたて投資枠での投資にも役立つことでしょう。

成長投資枠では何を選ぶのがいいの？

つみたて投資枠（メイン）と成長投資枠（サブ）

つみたて投資枠

メイン（土台）

長期・分散積立投資で、しっかりと資産形成

＋

成長投資枠

サブ

個別銘柄での収益（売却益・配当金・株主優待）を得る
（投資を楽しむ）

成長投資枠で買える5つの金融商品

成長投資枠で投資できる商品

▼証券会社で買える株式に違いはない

成長投資枠の対象商品は、**上場株式（市場で取引される株、外国株を含む）、投資信託、ETF、REITと多岐にわたります。**

このうち、**上場株式**、**ETF**、**REIT**については、証券取引所に上場している商品で、どの証券会社においても取引できる商品ラインアップ（銘柄数）は同じです。ただし、外国株式、投資信託については、証券会社によって取り扱いラインアップは大きく異なります。

なお、これらの商品は銀行では購入できないので気を付けましょう。

▼成長投資枠で買える投資信託

成長投資枠で買える投資信託の対象商品は約２０００本の見込みですが、金融機関によって購入できる商品ラインアップ（取扱数）は大きく異なります。

成長投資枠での投資信託は銀行でも取り扱っていますが、証券会社に比べると限られています。また、証券会社では、ネット証券が群を抜いて取扱数が多いです。

成長投資枠の対象商品は幅広いとはいえ、金融機関によっては、投資できない商品もあるので要注意です。

用語解説

整理銘柄

上場廃止基準に該当し、上場廃止が決定された銘柄。

用語解説

管理銘柄

上場廃止基準に該当する恐れがある場合に、投資家にその事実を周知するため、証券取引所により指定された銘柄

成長投資枠は証券会社で買うのがいい

成長投資枠の対象商品（証券会社取り扱い）

金融商品	商品の説明	証券会社の成長投資枠で買えるか	銀行の成長投資枠で買えるか
上場株式	企業ごとに証券取引所で売買する（102ページ参照）	いずれの証券会社でも買える	買えない
ETF	証券取引所で売買できる投資信託（76ページ参照）		買えない
REIT	不動産を対象にした投資信託（138ページ参照）		買えない
投資信託	プロが運用するパッケージ商品（66ページ参照）	取り扱いのラインアップは異なるが買える	取り扱いのラインナップは異なるが一部購入できる
外国株式	外国企業への投資（140ページ参照）		買えない

CHECK!
成長投資枠のメイン

成長投資枠で買える上場株式は約4000銘柄で
投資信託は約2000本の見込みです

ラインアップは変動する可能性がある

成長投資枠の対象商品となる投資信託は、「毎月分配型・高レバレッジ型・信託期間20年未満」のものが対象外とされ、約2000本の見込みですが、今後、新たな投資信託の設定などにより、対象商品の入れ替えの可能性もあります。

成長投資枠で買えない商品

成長投資枠では、「安定的な資産形成」を目的としているため、上場株式と投資信託でも買えない商品がある。

上場株式

整理・管理銘柄 ➡上場廃止により大きな損失を被る可能性が高く、投機的な取引の対象となりやすくなるため

投資信託

毎月分配型 ➡過度に分配金を支払うため、複利の効果が得られにくく、運用効率が悪いため

高レバレッジ型 ➡変動が大きく安定的な資産形成が難しいため

信託期間20年未満 ➡長期運用（20年を超える）ができず、長期的な安定運用ができないため

株式を買うということと得られる利益

株式のしくみと3つの収益

▼株を買うのは株主（出資者）の証

株式とは、会社がお金を集めるために発行する証明書（有価証券）です。株式を購入するということは、その会社の出資者、すなわち**株主となること**です。株主になれば、議決権を行使できるなど会社経営に参画できますし、配当金や株主優待（１２６ページ参照）といった投資家としての利益も享受できます。

ここでは**「投資商品としての視点」**から、株式について説明をしたいと思います。

▼株式投資の3つの収益

株式投資の**収益は3つ**あります。

ひとつ目は配当金。会社の利益を株主に還元するのが**配当金**です。配当金の有無・金額は業績によって変動します。

２つ目は**値上がり益**。購入時の株価より、売却時の株価が上昇していれば、その差額が収益となります。

銘柄と売買タイミングによっては、短期間で数倍になることもありますが、株価下落による損失の可能性もあり、大きなリスクを伴います。

３つ目は**株主優待**。自社商品や買物券などのサービスを株主に提供するのが株主優待です。

主に、決算の際に株を保有している株主を対象にしており、実施の有無や内容は会社によって様々です。

一言解説　株価の上昇

コロナショックで株価が大幅に下落した2020年春からの上昇率でいうと、みずほフィナンシャルグループは２倍以上に、三菱UFJフィナンシャルグループは３倍以上、丸紅は5倍以上となっています（2023年11月時点）。

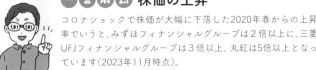

株主になることで3つの収益が得られる

株式のしくみ

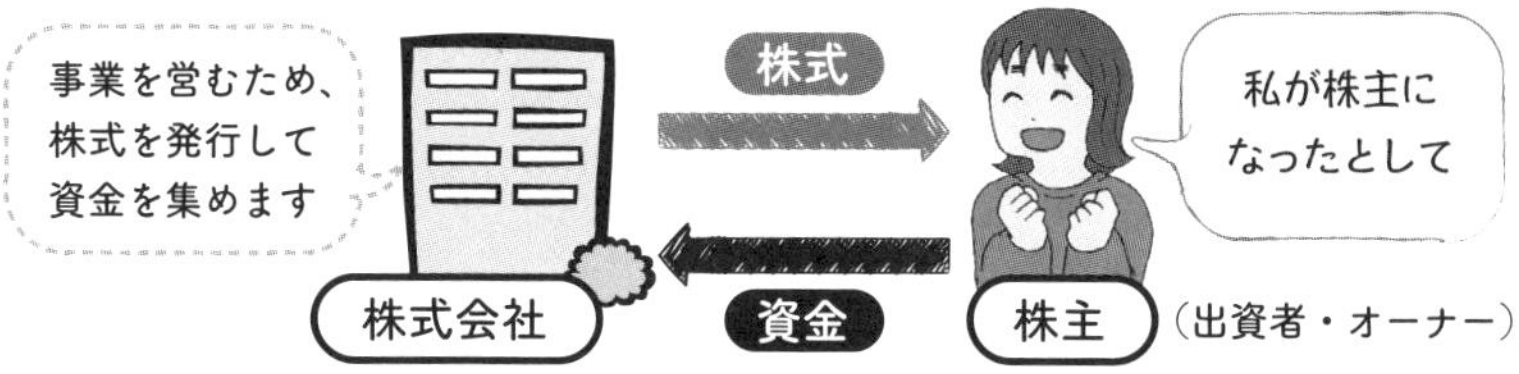
事業を営むため、
株式を発行して
資金を集めます
株式
私が株主に
なったとして
株式会社
資金
株主
（出資者・オーナー）

株主のメリット

- 株主総会に参加して議案に対して議決権を行使するなど会社経営に参画できる
- 保有株数に応じて配当金や株主優待を受け取ることができる
- 会社が解散した場合には、残余財産の分配を受けることができる

株式投資の収益（リターンとリスク）

配当金	会社の利益を株主にお金で還元する ➡4〜5%もの利回りも十分狙える	業績悪化によって、 減配、無配当になることがある
値上がり益	株価の上昇による収益 ➡短期間で数倍になることも珍しくない	株価が大暴落したり、 倒産等で株式の価値が ゼロになることも
株主優待	自社商品や買物券などを贈呈するもの ➡金銭換算すれば、利回り5%超も	業績悪化により 改悪・廃止になることがある

配当金や優待の利回り

配当金や優待で言う利回りは、株価に対して何%分のお金が返ってくるかを示した数字

CHECK!

「優待の価値÷優待取得にかかった金額×100」で利回り計算

4〜5%が高い配当と
言われています
これだけ得られると
将来が楽しみです

インカムゲインとキャピタルゲイン

投資の収益は、安定した定期収益であるインカムゲインと、値上がり益であるキャピタルゲインに分類されます。株式投資の場合、配当金はインカムゲイン、値上がり益はキャピタルゲインです。

株式が取引される場所でどうやって売買する？

取引のしくみと注文方法

▼株式は取引所で売買される

株式は、証券取引所と呼ばれる市場（マーケットとも）で、自由に売買することができます。

我々が取引できるのは、そこで上場された株式（上場株式）です。**証券会社を通して、証券取引所で売買します。**

日本の証券取引所で規模が大きいのは東京証券取引所（東証）です。売買金額においては、実に99％のシェアを持っています。

▼成行注文と指値注文

株式の取引価格となる株価は、様々な要因で常に変動しています。

そのように、常に変動する株価を捉えて売買するわけですが、その注文方法は主に2つあります。

ひとつ目は、**株価を指定せずに注文する「成行注文」**です。この注文方法では、注文を出した時点の価格で売買されるので、タイミングを逃さずに売買できます。

2つ目は、**株価を指定して注文する「指値注文」**です。この注文方法では、指定した価格よりも不利な価格で売買されることはありません。たとえば、「１００円で買いたい」と注文すれば、１００円を超えて購入することはありません。

なお、成長投資枠において、購入する際は、「指値注文」しか行えません。売却の際に「成行注文」と「指値注文」が行えます。

一言解説　株価が上下する理由

一般には、売上や利益が向上するなどして、企業の魅力が高まれば、買いたい人が多くなり、株価は上がります。逆に、業績の低迷・財務内容の悪化などで、企業の魅力が低下すれば、売りたい人が多くなり、株価は下がります。

取引の流れと注文方法

株式取引のしくみ

この株を買いたい！
CHECK! 投資家からの注文を取り次ぐ

国内の証券取引所

CHECK! 規模が一番大きい

- **東京証券取引所**
- 名古屋証券取引所
- 札幌証券取引所
- 福岡証券取引所

上場基準に応じて3市場に区分

プライム市場
流動性の高い大型企業が多く上場している

スタンダード市場
中小企業が多く上場している

グロース市場
ベンチャー・新興企業が多く上場している

売買の基本は100株単位

新聞やニュースなどで目にする株価は、「1株あたりの株価」ですが、売買においては原則100株単位となっています。たとえば、1株500円の株価でも、購入するには、最低でも5万円必要となるわけです。なお、証券会社によっては1株単位で取引することもできる単元未満株の制度があり、これもNISAで購入することができます。

成行注文と指値注文

	メリット	デメリット
成行注文 株価を指定せずに注文	タイミングを逃さずに売買できる	想定外の価格で売買が成立してしまう可能性がある
指値注文 株価を指定して注文	指定した価格より不利な価格で売買が成立することはない	売買のタイミングを逃してしまう可能性がある

成長投資枠での「買い注文」は指値注文のみになります。「売り注文」のときに指値注文か成行注文が選べます

企業の業績の情報を得る方法

会社の業績は決算書をチェック

決算の種類とスケジュール

個別銘柄への投資は、その企業の業績を見極めるため、「決算書」の確認が必要です。

決算は、一定期間の収入・支出を計算して、利益(損失)を算出して業績をとりまとめます。年1回の本決算(年次決算・通期決算とも言う)以外に、四半期ごとの四半期決算があります。

3月末決算の企業であれば、その年の事業年度は4月から始まり、6月末、9月末、12月末、3月末で締められます。

そして、各決算日から1ヵ月～1ヵ月半後を目途に、四半期決算書および決算書が作成され、発表が行われます。なお、第2四半期の決算(書)のことを、中間決算(書)とも言います。

各決算書が公表される前には、予測を含めた速報・要約版として、「決算短信」が公表されます。

損益計算書と貸借対照表がとくに重要

決算書とは、会社の経営成績や財政状態などを表すいくつかの書類を総称したものです。中でも、「損益計算書」「貸借対照表」「キャッシュフロー計算書」の3つが財務三表として重視されていますが、投資の面では「損益計算書」と「貸借対照表」が重要です。

一言解説 企業のIR

決算書や決算短信については、企業のホームページにある「IR」で見ることができます。
IRとは「investor relations」の略で、投資家・株主向けの広報活動のこと。決算書等の業績面の資料だけでなく、企業理念や活動内容など、幅広く情報公開しています。

決算の種類とスケジュール

決算の種類

本決算	1年間のすべての取引をまとめ、最終的な損益を計算する決算。決算日から1ヵ月〜1ヵ月半後を目途に決算書が公表される
四半期決算	1年を4期に分けて、3ヵ月毎に行なわれる決算。四半期決算日から1ヵ月〜1ヵ月半後を目途に四半期決算書が公表される
決算短信	決算の重要な部分を簡潔にまとめたもので、各決算書の公表の前に速報として公表される。1年間を通じた通期決算短信と、3ヵ月毎の四半期決算短信がある

決算短信は
正式な決算発表
ではなく、
推測の数字も
含まれます

CHECK!
国内企業の多くは
3月末決算

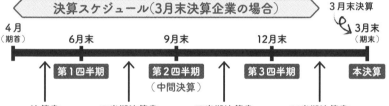

決算スケジュール（3月末決算企業の場合）

4月（期首）
6月末　第1四半期
9月末　第2四半期（中間決算）
12月末　第3四半期
3月末（期末）　本決算

- 決算書（通期決算短信）
- 四半期決算書（四半期決算短信）
- 四半期決算書（四半期決算短信）
- 四半期決算書（四半期決算短信）

将来を見て、
3か月ごとに
業績の確認ですね！

★ **決算書は、各決算日から1ヵ月〜1ヵ月半後を目途に公表される**

★ **決算短信は、各決算書公表の前に公表される**

主な決算書の書類

損益計算書
収益・費用・当期純利益（損失）から構成され、企業の経営成績を表わす書類

貸借対照表
資産・負債・純資産（株主資本）から構成され、企業の財政状態を表わす書類

キャッシュフロー計算書
企業の現金の流れや増減を表わす書類

この2つが、投資ではとくに重要！

損益計算書のチェック項目

企業の業績を数字で確認する

ポイントを押さえれば大丈夫！下を見てください！

（2）連結損益計算書及び連結包括利益計算書

連結損益計算書

（単位：百万円）

	前連結会計年度（自 2021年３月１日 至 2022年２月28日）	当連結会計年度（自 2022年３月１日 至 2023年２月28日）
営業収益		
売上高	7,657,351	7,961,711
総合金融事業における営業収益	421,803	403,040
その他の営業収益	636,801	752,071
営業収益合計	8,715,957	9,116,823
営業原価		
売上原価	5,538,956	5,725,286
総合金融事業における営業原価	62,738	53,608
営業原価合計	5,601,694	5,778,894
売上総利益	2,118,395	2,236,425
営業総利益	3,114,262	3,337,929
販売費及び一般管理費		
広告宣伝費	185,983	115,700
貸倒引当金繰入額	48,440	59,782
従業員給料及び賞与	1,038,155	1,087,456
賞与引当金繰入額	36,454	38,260
法定福利及び厚生費	182,005	190,838
水道光熱費	139,172	235,949
減価償却費	285,708	300,122
修繕維持費	171,556	188,305
地代家賃	398,783	425,879
のれん償却額	13,843	16,188
その他	439,846	469,661
販売費及び一般管理費合計	2,939,949	3,128,145
営業利益	174,312	209,783
営業外収益		
受取利息	3,662	4,728
受取配当金	2,761	3,666
持分法による投資利益	4,355	5,836

損益計算書

細かくて大変そうですね…

チェックすべき重要な項目！

CHECK!
利益のおおもと
下の項目で差し引かれる前の全体の収入

CHECK!
本業での利益
本業で稼いでいるかを確認

CHECK!
最終的な利益
各種損益を通算した最終的な成果。純利益とも

売上高 会社の収入

営業利益 売上高－原価・販売費および一般管理費

経常利益 営業利益±本業以外の収益・費用

（利息の支払・受取や配当金の受取など）

当期純利益 経常利益±特別利益・特別損失

（臨時に発生した、土地の売却損益など）

※当期純利益を発行済株式数で割ったものが、PER（112ページ）の計算でも使われるEPS

ポイント！

IRで業績のまとめ資料をチェック

企業によっては、業績のハイライトを分かりやすくまとめてくれた資料を決算時に企業のIRに掲示してくれるので確認するとよいでしょう。

連結業績　ÆON

・アフターコロナの需要拡大を取り込み営業収益から経常利益までの段階利益は増収増益、過去最高を更新
・前期に株式売却益を計上しており、親会社株主に帰属する四半期純利益も実質増益

連結業績

（億円,%）

	前期	当期実績		
	1Q実績	1Q実績	前年同期比	前年同期差
営業収益	22,032	23,247	105.5%	+1,215
営業利益	438	514	117.2%	+75
経常利益	443	481	108.4%	+37
親会社株主に帰属する四半期純利益	193	177	91.5%	▲16

貸借対照表のチェック項目

企業が長く経営できるか安全性を確認する

CHECK!

調達した資金の保有・運用状況

総資産
- 現金預金
- 土地
- 建物
- 商品
- 器具備品
- 売掛金
- 受取手形

など

総負債
- 借入金
- 未払金
- 買掛金
- 支払手形　など

CHECK!

他人から調達した資金（返済しないといけない）

純資産
- 資本金
- 剰余金　など

CHECK!

自身で調達した資金（返済は不要）

※純資産を発行済株式数で割ったものが、PBR（114ページ）の計算で必要となる「1株当たり純資産」である

総資産が、総負債を下回っている状態を「債務超過」と言います。これは非常に危険な状態です！

貸借対照表の見方

長期投資においては、長期的な経営活動を前提としていることからも、高い安全性は欠かせません。

総資産が、総負債を大幅に上回っていれば、一定の安全性は見込まれると判断してもよいでしょう。

なお、その場合は、自己資本比率（下記参照）の数値も高くなるのでそちらも確認しましょう。


ポイント！

会社四季報を活かそう

東洋経済新報社が発行する「会社四季報」の【財務】欄を見れば、自己資本比率を一目で確認することができます。また、【業績】欄では、損益計算書が簡潔に記載されています。売上高などは、基本的に過去3年分の実績と向こう2年分の予想値が記載されているので、会社の業績面での変化を読み取ることができます。

自己資本比率をチェック

自己資本比率とは、総資産に占める自己資本（≒純資産）の割合で、企業の経営の安全性を示す。

この数字が高いほど、安全性は高いとされる。


50％以上あれば安全性は高いとされ、20％を下回ると黄色信号とされます

日経平均株価って？ ＴＯＰＩＸって？

株式相場全体の動きを把握しよう

▼指標とは、目安となる数字のこと

株式投資での指標は、株価や業績がどういった状況なのかを客観的に比較検討できるようにした数字のことで、**現在の株価水準を把握するもの**です。

その株式指標には、「相場全体」を示すものと、「個々の銘柄」を示すものがあります。

▼相場全体の流れを示す2大指標

相場全体の指標として代表的なものは、日経平均株価とＴＯＰＩＸ（東証株価指数）の２つです。

日経平均株価とは、東京証券取引所のプライム市場に上場する銘柄のうち、２２５銘柄の平均株価のことです。対象となる銘柄は、日本を代表する２２５社です。

ＴＯＰＩＸ（東証株価指数）とは、市場区分の見直し前にあった東京証券取引所の第１部に上場する銘柄（約２２００銘柄）の時価総額指数です。時価総額とは、対象銘柄すべての株価と発行済株式数をかけた数値です。これを１９６８年の時価総額を１００として、現在の相対的な数値を指数として示しています。

いずれの指標も、多くの日本株インデックスの投資信託のベンチマークに採用されており、また、株価水準の把握のみならず、日本経済の状況を示す重要な数字です。また、「相場全体」を示す指標は、海外にもあります。左ページの表を参考までに見てください。

一言解説 市場区分の見直し

東京証券取引所は、2022年4月4日に、それまでの市場区分であった「第１部、第２部、マザーズおよびジャスダック」を見直し、それぞれ「プライム市場、スタンダード市場、グロース市場」（105ページ）に再編しました。

日本の指標と外国の指標

日経平均株価とTOPIX（東証株価指数）

	日経平均株価（単位：円）	TOPIX（単位：ポイント）
対象銘柄	東京証券取引所プライム市場上場銘柄のうち代表的な225銘柄	市場区分見直し前の東京証券取引所第1部の上場銘柄（約2,200銘柄）
算出対象	株価	時価総額（株価×発行済株式数）
値動きの特徴	対象銘柄の単純平均のため、値がさ株（株価の高い銘柄）の値動きの影響が大きい	大型株（時価総額の大きい銘柄）の値動きの影響が大きい

日経平均株価はよくニュースで見ますね

TOPIXの方が、より全体の動きを捉えることができますよ

CHECK!
2014年1月に導入
資本をうまく活用しているかなど投資の魅力が高い銘柄をピックアップ

国内の指標はもうひとつある

JPX日経インデックス400

東京証券取引所に上場する銘柄の中から、400銘柄で構成された指標

外国株式市場の指標

ダウ平均株価（アメリカ）	ダウ・ジョーンズ社が公表する、ニューヨーク証券取引所やナスダックに上場する銘柄のうち、主要30銘柄で構成される
S&P500（アメリカ）	S&P社が公表する、ニューヨーク証券取引所やナスダックに上場する銘柄のうち、主要500銘柄で構成される
上海総合指数（中国）	上海証券取引所に上場するすべての銘柄で構成される
DAX（ドイツ）	フランクフルト証券取引所に上場する銘柄のうち、主要40銘柄で構成される
FTSE100（イギリス）	ロンドン証券取引所に上場する銘柄のうち、時価総額上位100銘柄で構成される

投資信託のベンチマークとしてもこれらの指標は使われます

07 買われすぎかがわかるPER

銘柄が割安か割高を確認したいときの基本的な指標 その1

▼利益から見た、株価水準がPER

PER（株価収益率）とは、**現在の株価が、その会社の1株あたり純利益の何倍なのか**を見る指標です。

たとえば、A株が1000円であっても、それが割安か割高なのかは、株価だけを見ても分かりませんが、その会社の利益から、株価の割高割安を判断できるのがPERなのです。

もし、A社の1株あたりの純利益が100円であれば、その場合、A社のPERは1000円÷100円＝10倍となります。

▼何年で元が取れるのか

PERは、**その数字が低いほど、株価は利益に対して割安**とされています。

なぜなら、同じ株価であれば、1株あたり純利益が大きいほど、PERは低くなるからです（同じ1株あたり利益であれば、株価が低いほど、PERは低くなる）。

また、PERは**「何年で元が取れるか」**との見方もできます。

前述のA社（PER10倍）であれば、1株1000円で、毎年100円の利益なので、10年で元が取れる計算です。当然、元は早く取れたほうがよいので（投資効率はよいので）、その視点からも、PERは低いほど割安、逆に高いほど株価は割高とされています。

ちなみに利益を用いた指標としては、他にROEがあります。

用語解説 ROE（株主資本利益率）

会社の収益性を見る指標で、「当期純利益÷株主資本」で計算されます。資金に対し、どれだけ利益を上げたかを示す数字で、高いほど収益性は高いとされる。一般には8％程度が目安とされています。

PERの見方

PERの計算式

★PER（株価収益率）＝株価÷1株あたり純利益

PERは、利益から見た株価の割安度を知る指標。ちなみに1株あたり純利益は、「純利益÷発行済み株式数」で計算され、EPSとも言う。

CHECK!
来期の利益予想の数値を使うことが多い

PERは比較することでわかる

	A社	B社
株価	1,000円	1,000円
1株あたり純利益	100円	50円
PER	**10倍**	**20倍**

同業他社と比較をして、高すぎないか低すぎないかの確認も大切です。確認しないで買う人が意外と多いんですよ

株価が同じでもA社の方が、割安なんですね…

業種別PERの目安（例）

●電気・ガス業	34.6倍
●食料品	27.4倍
●建設業	14.7倍
●銀行業	8.3倍
●海運業	2.2倍
●プライム市場全体	16.0倍

※（東証プライム市場の各業界平均値）

ポイント!

単独PERと連結PER

単独PERとは、その企業単独の利益を元に計算したPERで、連結PERとは、子会社や関連会社の利益も含めて計算したPERのことです。一般には、連結PERが重視されています。

08

銘柄が割安か割高を確認するときの基本的な指標 その2

株価と資産を比較したPBR

▼資産から見た、株価水準

PBR（株価純資産倍率）とは、**現在の株価が、その会社の1株あたり純資産の何倍なのか**を見る指標です。

純資産とは、会社の総資産から総負債を差し引いたもので、現金や土地など、会社の保有する資産価値に裏付けされた「会社の正味の価値」です。また、会社を清算し、残った資産を株主に分配するときの金額（解散価値）にもなります。

たとえば、A社の株価が1000円で、1株当たり純資産が200円の場合、そのPBRは1000円÷200円で5倍になります。

▼PBR1倍の意味

株価が、会社の純資産を上回っていれば（PBRが1倍以上）、それだけ評価されているわけですが、あまりにも上回り過ぎていると、それは割高と言えます。

ですので、PBRは**高い（低い）ほど、株価は資産に対して割高（割安）**とされています。

ここで重要なのが、「PBR1倍」です。PBR1倍とは、現在の株価と、その会社の純資産額が等しい状態のことを指します。

PBRが1倍を割り込むと、株価が純資産額より低い状態です。ですので、株価下落時（PBR低下時）には、PBR1倍近辺が下げ止まりの目途とされています。

一言解説 PBR1倍割れの状態

PBR1倍割れの状態とは、取引されている価格（現在の株価）が、その会社の正味の価値（純資産額）よりも安い状態です。
たとえるなら、1,000円札が入っている財布が、800円で売られているような状態と言えるでしょう。

PBRの見方

PBRの計算式

★ **PBR（株価純資産倍率）＝株価÷1株あたり純資産**

（総資産－総負債）

PBRは、企業が持つ資産を数値化して、株価と釣り合っているかを確認できる指標

CHECK!
資産に裏付けされた会社の正味の価値

PBRの比較

	A社	B社	C社
株価	1,000円	200円	100円
1株あたり純資産	200円	200円	200円
PBR	**5倍**	**1倍**	**0.5倍**

CHECK!
お得だが、逆に投資対象としての魅力が乏しい状態とも言える

PBRの数字だけでなく、企業の動向や業績を見て判断するのがよいでしょう
PBR5倍だとかなり割高ということですね！

ポイント！

東証からのPBR改善要請

東京証券取引所は2023年春、PBRが継続して1倍を割っている企業（＝割安だが、投資魅力の乏しいとされる企業）に対し、PBRの改善に向けた取組や進捗状況の開示を要請しました。今後、PBR1倍割れ銘柄に対して、PBR改善への取組を確認したいところです。

株価の動きを知りたいときの必須なツール

株価の動きを示すチャート

▼値動きは、チャートで確認

株式投資では、買いたい株価で売買のタイミングを計りたいとき、その値動きを把握する必要がありますが、チャートを利用することで株価の動きがわかるようになります。

チャートとは、**株価の値動きを視覚的に分かりやすくグラフ化したもの**です。

チャートの基本とそこに表示されるローソク足について解説します。

▼ローソク足の見方

ローソク足とは、**一定期間の始値・終値・高値・安値の4つの価格をひとつにまとめることで、一定期間の値動きを一目で示したもの**です。

始値と終値との差が、ローソク足の実体部分となり、値上がり時（始値＜終値）には白色（陽線）で、値下がり時（始値＞終値）には黒色（陰線）で表されます（実体の色は赤や青の組み合わせもあります）。

実体と安値との間の線（下ひげ）が長いときは、上昇相場への転換の兆しとなります。

実体と高値との間の線（上ひげ）が長いときは、下落相場への転換の兆しとなります。

下ひげ、上ひげがともに長いとき、これは相場転換の兆しとされています。

このようにローソク足の形で、ある程度、値動きの先行きを判断することができるのです。

一言解説　テクニカル分析とファンダメンタルズ分析

上記のローソク足のように過去の値動きから投資判断を行う方法をテクニカル分析と言います。

それに対して、会社の業績や財務内容から投資判断をする方法をファンダメンタルズ分析と言います。なお、PERやPBRなどは、ファンダメンタルズ分析の代表的な指標でもあります。

株価チャートとローソク足の見方

株価チャートの見方

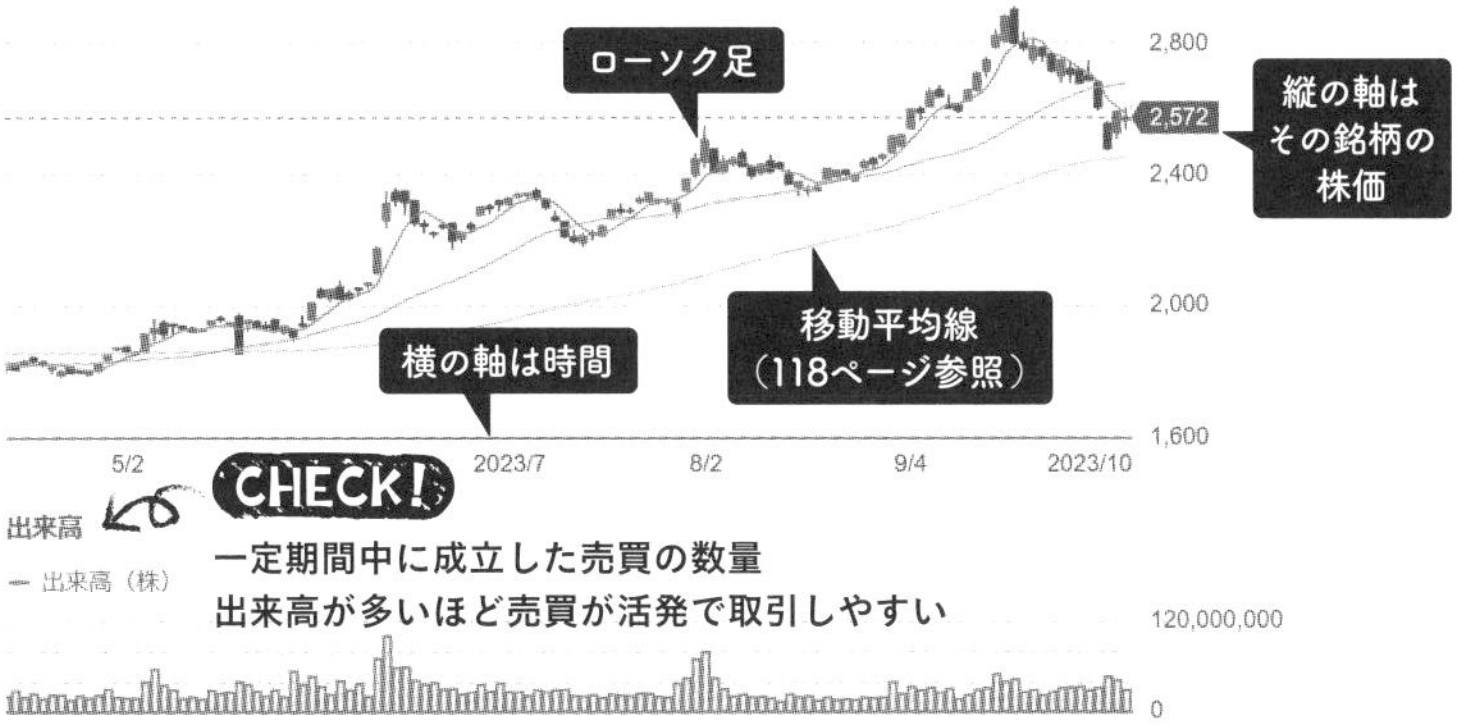
ローソク足
縦の軸は その銘柄の 株価
移動平均線 （118ページ参照）
横の軸は時間
2,800
2,572
2,400
2,000
1,600
5/2
2023/7
8/2
9/4
2023/10
出来高
CHECK!
一定期間中に成立した売買の数量
出来高が多いほど売買が活発で取引しやすい
出来高（株）
120,000,000
0

ローソク足の見方

ポイント！

ローソク足の期間

1日での始値・終値・高値・安値を示したローソク足を「日足(ひあし)」と言います。その期間が1週間なら「週足(しゅうあし)」、1月なら「月足(つきあし)」、1年なら「年足(ねんあし)」です。

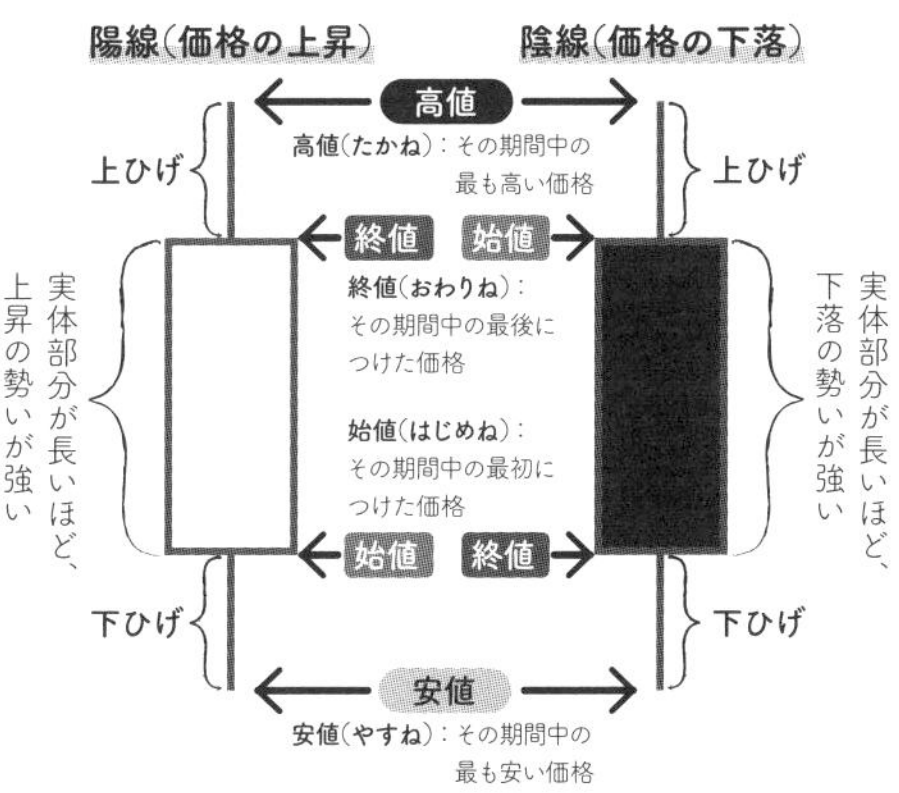
陽線（価格の上昇）
陰線（価格の下落）
高値
高値（たかね）：その期間中の最も高い価格
上ひげ
上ひげ
終値
始値
終値（おわりね）：その期間中の最後につけた価格
始値（はじめね）：その期間中の最初につけた価格
実体部分が長いほど、上昇の勢いが強い
実体部分が長いほど、下落の勢いが強い
始値
終値
下ひげ
下ひげ
安値
安値（やすね）：その期間中の最も安い価格

ローソク足のひげの見方

下ひげが長い

上ひげが長い

下ひげ、上ひげ同じぐらい長い

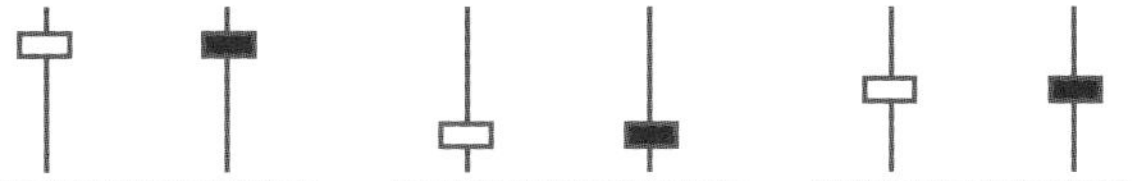

下ひげが長い	上ひげが長い	下ひげ、上ひげ同じぐらい長い
買いの勢いが強い	売りの勢いが強い	始値と終値は大きく変わらなかった
下落相場の底値付近で出た場合、その後、上昇へと転換する可能性が高い	上昇相場のピーク付近で出た場合、その後、下落へと転換する可能性が高い	相場の転換点となる可能性が高い

この形が底値か天井で出た時は流れが変わるときと言われています

相場の流れと転換するポイントがわかる

株価の流れを把握する方法

▼トレンドの確認方法

チャートを見ることで、**相場の大きな流れ（トレンド）を把握し、その転換点を見極める**ことができます。

トレンドには株価が上がっていく流れの上昇トレンドと下がっていく流れの下降トレンド、それに停滞もしくは、一定の範囲で上下を繰り返すボックス相場があり、その流れがしばらく続くときがあります。

トレンドの変わり時（転換）を確認したいときは、左図で示した「トレンド転換の見極め」を試してみてください。トレンドラインを突き破って動いた時が、トレンドが転換する可能性が高いとされます。

▼移動平均線で今後のトレンドを把握

チャートには、ローソク足以外に線が引かれていることがあります。これは移動平均線と言い、一定期間の価格の平均値をつなげた線で、短い短期線や、長い長期線など2〜3本で構成されています。

短期線が、長期線を下から上へと突き抜けたとき(ゴールデンクロス)には、今後の上昇トレンドが予想されます。逆に、短期線が長期線を上から下へと突き抜けたとき（デッドクロス）には、今後の下降トレンド入りが予想されます。

一言解説　ボックス相場からの転換

ボックス相場において、上限に近づけば下落し、下限に近付けば上昇しますが、その上限下限を突き破ったときが、上昇トレンドもしくは下降トレンドへの転換の兆しとなります。

相場の流れを把握する方法

トレンド転換の見極め

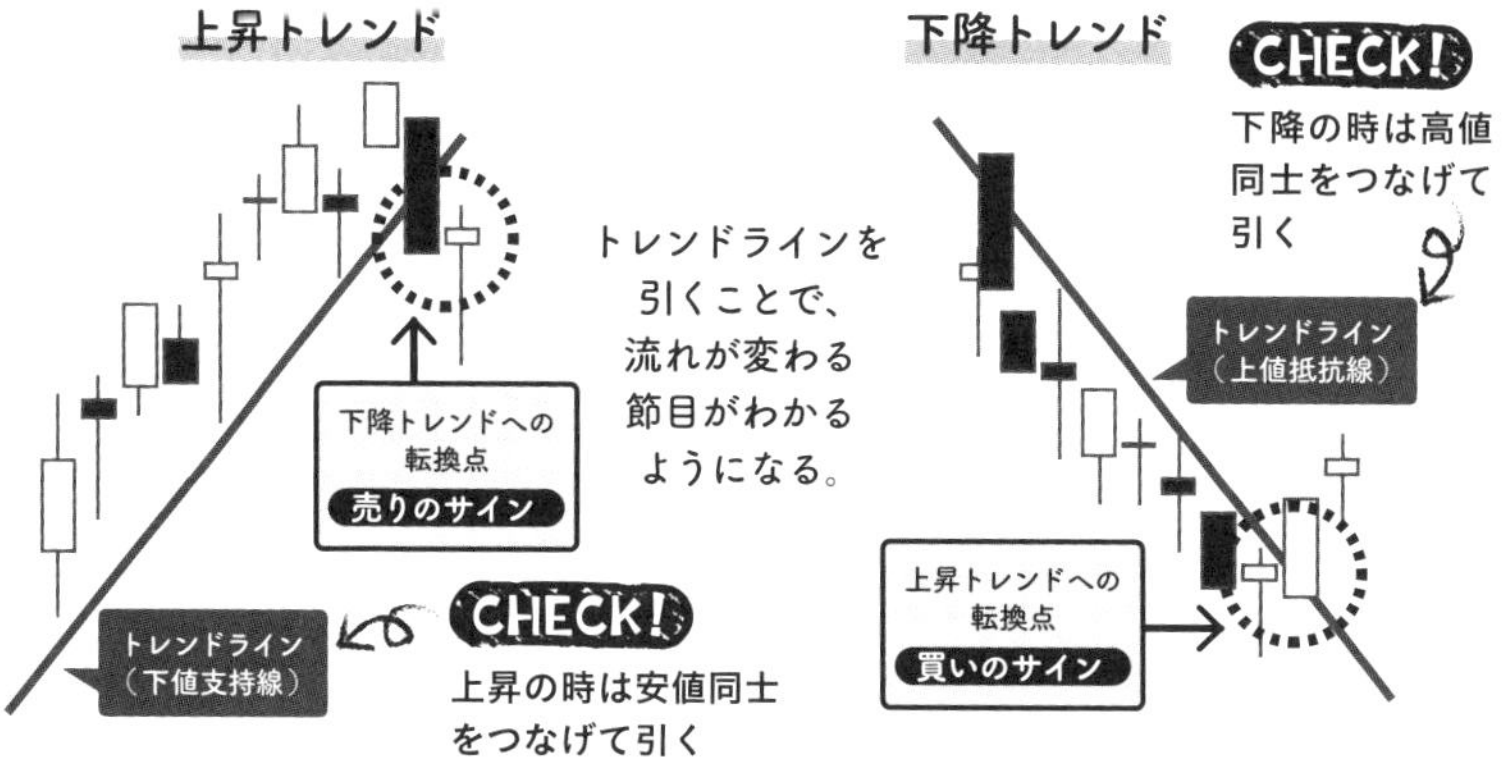

移動平均線でわかる相場の流れ

日経平均株価チャート（過去２年間）

トレンド転換の信頼性

トレンドの転換は、必ずしも起こるものではありません。いわゆる「ダマシ」も起こります。より信頼性を高めるには、複数のテクニカル分析による検討が必要です。ですが、長期投資を目的としたNISAにおいては短期での一時的な値動きは些細なものです。短期売買を目指すのでなければ重視するものはありません。

株式による安定した収入を目指すなら

高配当株の選び方

▼配当金がただ高いだけではダメ

株式投資において、高い配当金は魅力です。配当金とは、会社の利益を株主に還元するもので、業績によって、その金額は毎年変動します。

基本的には、会社の利益と配当金額は連動するものですが、中には、利益が少ないのに無理して配当金を支払っている企業もあり、その場合、配当金は長続きしない可能性が高いです。

配当金だけに、目を奪われてはいけません。

▼配当金を支払い続けてくれるのか？

高配当株選びで重要なのは、将来的に、**配当金を支払い続けてくれるか**どうかです。

そこで、過去の配当金の支払実績と将来の見込みを確認しましょう。その間、減配や無配がなく、安定して配当金が支払われていれば、ひとまずは安心です。

もちろん、配当金のもととなる利益が安定しているかどうか、業績推移もチェック、さらに**配当性向の確認も大切**です。

配当性向とは、利益のうち、どれだけの割合を配当金に回したかの数字です。これがあまりにも高いと「無理して配当金を支払っている」可能性もあるので要注意です。

なお、売買のタイミングについては、本章の最後で説明します（142〜145ページ参照）。

用語解説

増配/減配/無配

配当金を増やすことが増配。減らすことが減配。無配は配当金が支払われないこと。

用語解説

記念配当

創立○周年、上場○周年などを記念して実施される配当で、継続性はないので要注意。

高配当株選びのポイント

高配当株での業績の見方

一般には、配当利回り※が3%以上の銘柄が高配当株と言われる

※配当利回り＝1株当たり配当金額÷株価×100

高配当株

高配当株のチェックポイント

- ✔ 配当金支払実績 ➡減配や無配がなく安定していること
- ✔ 業績の推移 ➡赤字がなく安定して利益を出し続けていること
- ✔ 配当性向 ➡適正水準であること（下記参照）

配当金額や配当利回りに目を奪われちゃいそうですね

利益は配当金のもとになるので、業績はしっかりチェックですよ！

配当性向の計算

配当性向＝配当金総額／当期純利益×100

CHECK!

30%程度が適正水準

配当性向とは利益のうち、どれだけの割合を配当金に回したかの数字。

配当性向が90%超とか極端に高すぎると、「利益のほとんどを配当金に回している」ことから、短期的には多額の配当金を受け取れても、長期的な事業拡大・業績向上につながらず、将来の継続的な配当金支払に不安がある。

仮に利益が100億円、配当金20億円（1株当たり配当金額×発行済み株数）なら、配当性向は20%となる。


ポイント!

有名な連続増配銘柄は？

過去、安定して配当金が支払われ続け、さらにその配当金が毎年増え続けているような銘柄（連続増配銘柄）であれば、なおさら魅力的です。たとえば、34期連続の花王や24期連続の小林製薬などが、長期間にわたって配当金を増額し続けている銘柄として有名です。

メガバンクの高配当株

三菱UFJフィナンシャル・グループ（8306）

- **メガバンクの一角で、国内最大の民間金融グループ**
  ➡**将来の金利上昇・円安に備えて保有したい**銘柄である
  銀行にとって金利上昇は大きな追い風となり、
  海外比率が高いので円安の恩恵にあずかりやすい
  ➡メガバンクの中では、総合力で頭ひとつ抜けている
- **株価は、コロナショック以降、右肩上がりの上昇傾向にある**
- **配当金、純利益ともに、順調に増加している**
- **最低投資額は10万円強と、メガバンクの中では買いやすい株価水準である**
  （みずほフィナンシャルグループは約25万円、三井住友フィナンシャルグループは約75万円）

DATA

PER●11.43倍
PBR●0.82倍
株価●1,264円
配当利回り●3.24%
配当性向●35.3%

※2023年11月22日のデータ

ポイント！

会社四季報で確認できること

会社四季報の【業績】欄では、売上高・営業利益・経常利益・当期純利益が確認できます。
多くの企業では過去3年分と向こう2年分の数字が記載され、業績面での変化を読み取ることができます。

	2021年	2022年	2023年	2024年	2025年
配当金推移	25円	28円	32円	41円	41〜44円
業績推移	60.5円	88.5円	90.7円	108.1円	114.8円

※表データは会社四季報（2023年4集秋号）からの引用。2024年及び2025年は予想値
※配当金推移は1株当たりの配当金　※業績推移は1株あたりの純利益（EPS）

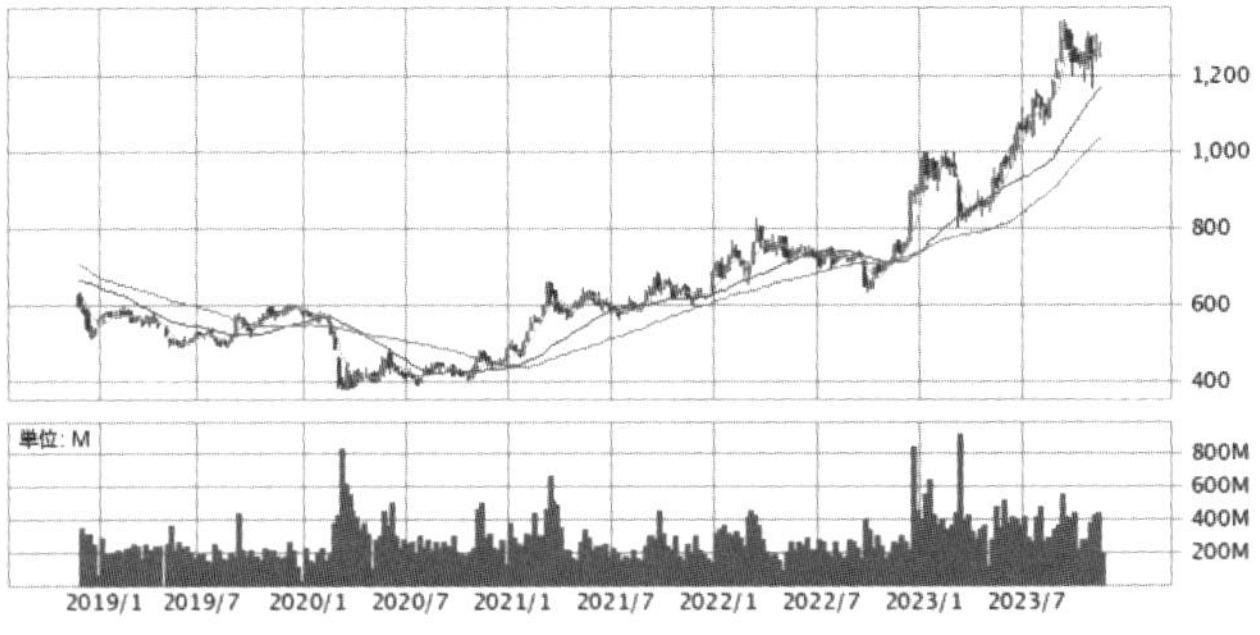

過去５年株価チャート（週足）（SBI証券より引用）

利益還元に積極的な高配当株

ソフトバンク(9434)

- 通信会社(携帯キャリア)大手の一角
  - ➡おおむね安定した業績のもと、配当金も安定して出し続けている
  - ➡通信事業以外にも、ヤフー、ZOZO、ペイペイなどの非通信も強化し、事業の多角化を図る
- **配当利回りは約5%と、非常に高い水準である**
- **配当性向は高めであるものの、これは株主への「利益還元」に積極的な姿勢の結果として評価したい**
- **株価推移は堅調で、2018年末の上場来の高値水準を切り上げている**

DATA

PER●18.45倍　PBR●3.57倍　株価●1,756.5円　配当利回り●4.90%　配当性向●76.4%

※2023年11月22日のデータ

	2021年	2022年	2023年	2024年	2025年
配当金推移	86円	86円	86円	86円	86円
業績推移	103.9円	110.1円	112.5円	88.7円	95円

※表データは会社四季報(2023年4集秋号)からの引用。2024年及び2025年は予想値
※配当金推移は1株当たりの配当金　※業績推移は1株あたりの純利益(EPS)

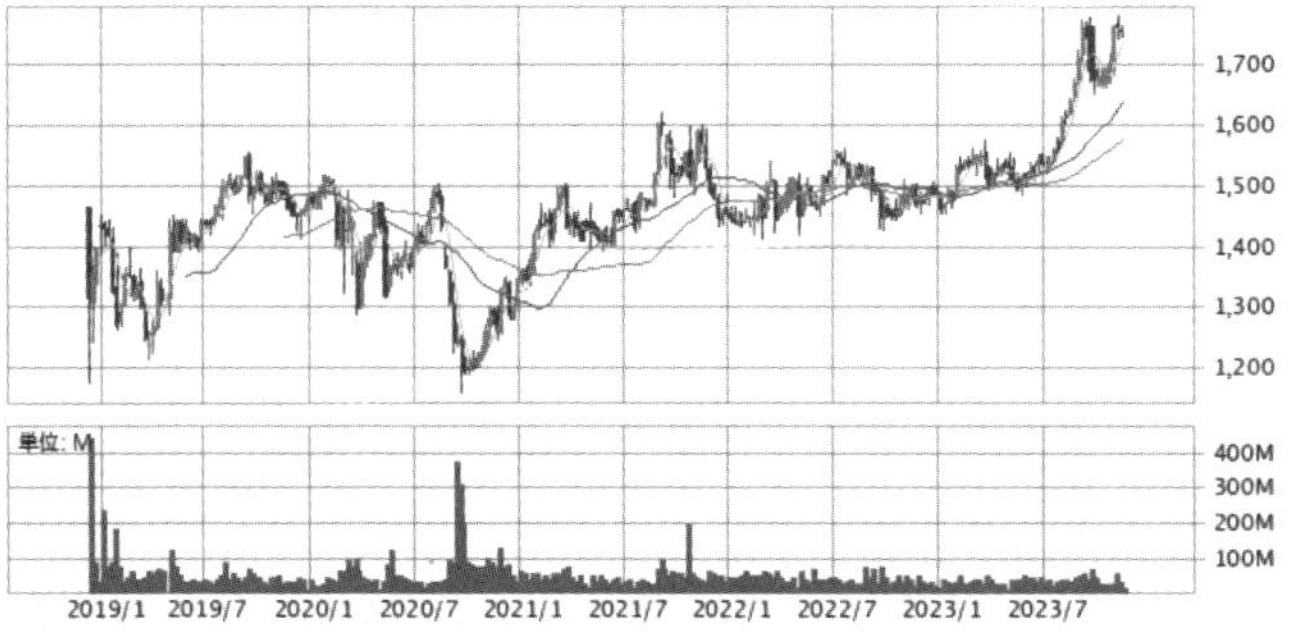

過去5年株価チャート(週足)(SBI証券より引用)

手堅いディフェンシブ高配当株

武田薬品工業（4502）

- 国内製薬首位
  - ➡生活に欠かせない医薬品は、ディフェンシブ銘柄（景気動向に業績が左右されにくい銘柄）としても手堅い銘柄である
  - ➡巨額買収により、**世界規模の製薬会社**へと成長し、今後、世界市場のさらなる成長を期待
- **配当利回りは4％台半ば**と、十分な水準である
- 利益に多少の振れ幅があり、配当性向は非常に高いものの、**30年間減配はされていない**
- 株価は上昇傾向にあるものの、PBRは１倍近辺と割安

DATA

PER●70.57倍　PBR●0.93倍　株価●4,185円　配当利回り●4.49%　配当性向●88.1%

※2023年11月22日のデータ

	2021年	2022年	2023年	2024年	2025年
配当金推移	180円	180円	180円	188円	188～196円
業績推移	240.7円	147.1円	204.3円	100.1円	108.4円

※表データは会社四季報（2023年4集秋号）からの引用。2024年及び2025年は予想値
※配当金推移は1株当たりの配当金　※業績推移は1株あたりの純利益（EPS）

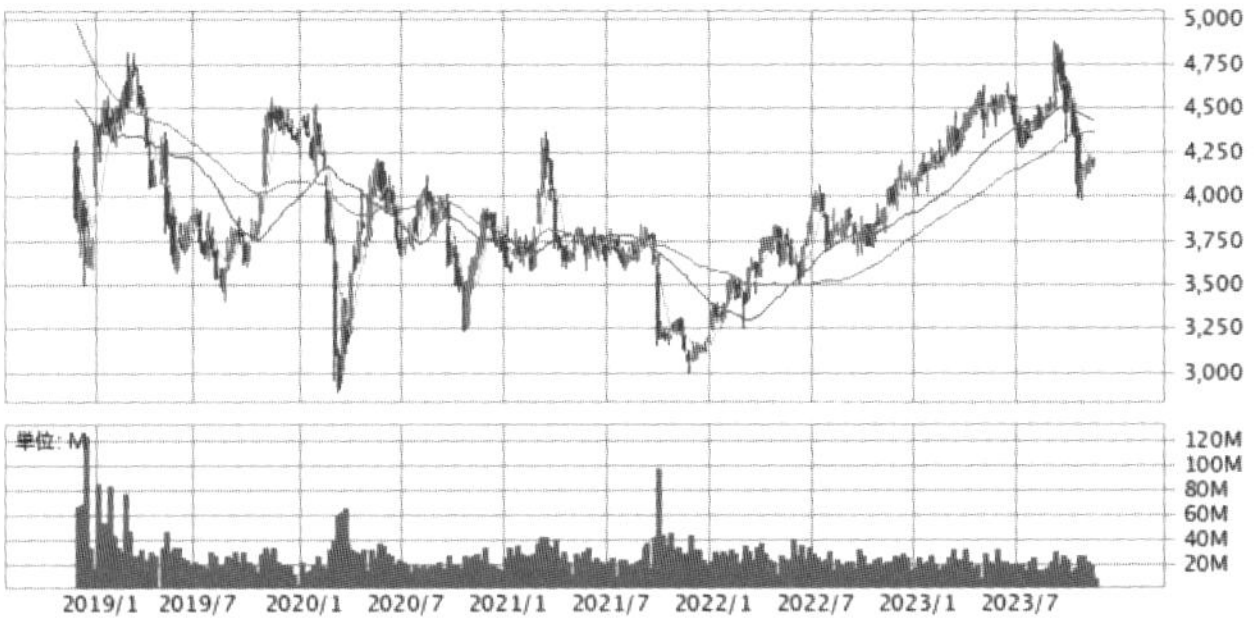

過去５年株価チャート（週足）（SBI証券より引用）

25年連続増配の高配当株

三菱HCキャピタル(8593)

- 三菱UFJグループ系の大手総合リース
  - ➡高い収益力と長期の成長力で、安定配当が続く
  - ➡M&Aで海外展開加速、今後ますます、グローバル規模での高い成長力が見込まれる
- **25年連続増配中**と、連続増配銘柄の中でも指折りの存在
- **配当利回りは4%近い**が、今後も増配が続けば、配当利回りはさらに高まる
- 株価は上昇傾向にあるものの、PBRは1倍を割り込み、割安
- 最低投資額は10万円程度と、比較的買いやすい株価水準である

DATA

PER●11.47倍　PBR●0.83倍　株価●958.8円　配当利回り●3.85%　配当性向●40.8%

※2023年11月22日のデータ

	2021年	2022年	2023年	2024年	2025年
配当金推移	25.5円	28円	33円	37円	37〜38円
業績推移	62.1円	69.2円	81円	83.5円	90.5円

※表データは会社四季報(2023年4集秋号)からの引用。2024年及び2025年は予想値
※配当金推移は1株当たりの配当金　※業績推移は1株あたりの純利益(EPS)

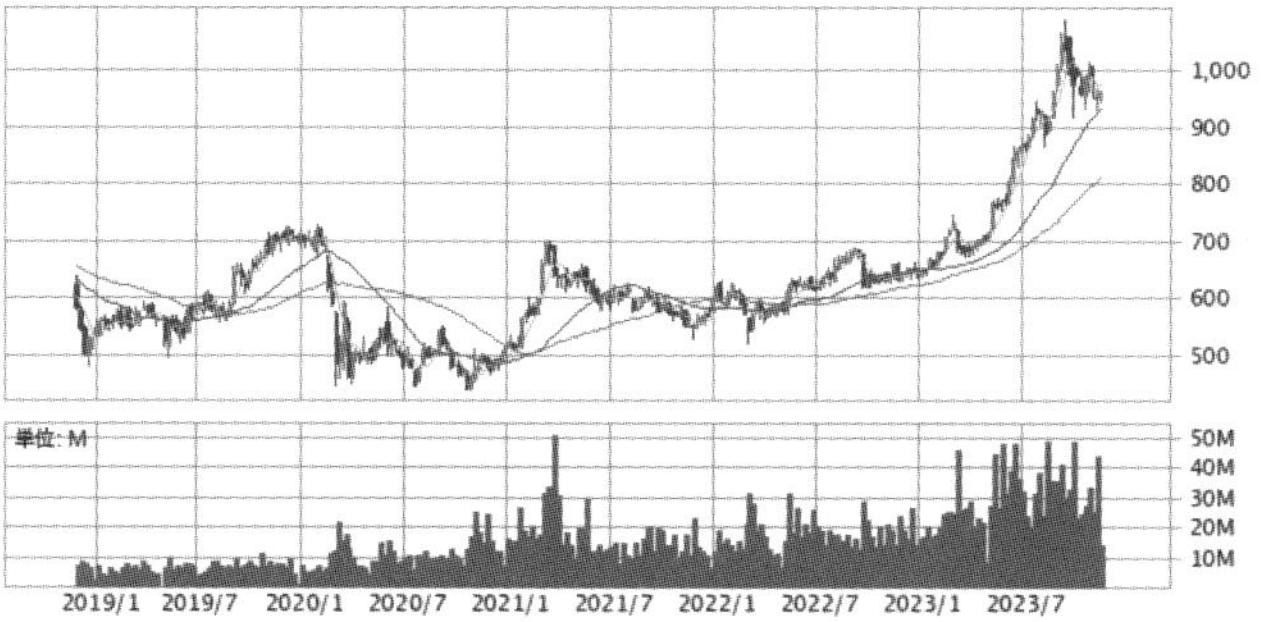

過去5年株価チャート(週足)(SBI証券より引用)

会社のサービスでお得に暮らす株主優待

優待株の選び方

▼会社からの贈り物が株主優待

株主優待とは、会社が株主に**自社商品や割引券、金券などを贈るしくみ**です。

通常、決算日時点、もしくは決算日と中間決算日時点の株主に、年1回もしくは2回、定期的に送られてきます。ですので、売買タイミングによっては1年間待つことになります（142ページ参照）。

優待の内容は会社によって様々ですが、それが自社商品や自社店舗の割引券などであれば、宣伝や売上アップにつながることもあり、大盤振る舞いをしてくれる会社も多いのです。

▼怖いのは、優待廃止（改悪）

魅力的な株主優待ですが、優待株に投資をする際には、**「優待の廃止・改悪」には要注意**です。

企業にとって、優待は義務ではなく、突然、廃止・改悪となることもあります。その場合、株価は急落する可能性が非常に高いのです。

廃止・改悪となる可能性が高い銘柄は、業績の低迷といった理由以外にも、「優待利回りが異常に高すぎる」「優待内容が事業内容と関連がない」「優待実施の実績が少ない」などの優待関連が挙げられます。

そのような優待銘柄を選ばないように注意が必要です。

一言解説　多くの企業で優待実施

株主優待の実施は任意であるものの、現在、約1,500社（上場企業の4割弱）が実施しています。また、株主優待は日本独特の制度で、外国企業（株式）にはありません。

優待株選びのポイント

優待株の業績の見方

お得な
商品券は
魅力ですよね

優待株

優待利回り3〜4%程度以上を意識したい

※優待利回り(一般には、100株保有時の金額で計算)
=年間優待価格(金銭換算したもの)÷株価×100

優待株のチェックポイント

- ✓ **優待実施実績** ➡過去3年程度は優待を実施していること
- ✓ **業績の推移** ➡赤字がなく安定して利益を出し続けていること
- ✓ **優待内容** ➡会社の事業内容と関連するものであること(会社の業績向上にもつながる)

業績悪化は、
優待見直しに
直結するので
必ず確認して
ください

CHECK!

会社四季報【業績】欄で、概ね5年間(過去3年間と向こう2年間)の「1株当たり純利益(EPS)」の実績・予想を確認すれば業績面での継続が確認できる

優待廃止・改悪リスクのあるケース

業績が低迷している
➡
赤字決算や大幅な減益

経営が苦しく、資金繰りに余裕がなくなれば、優待実施にかける費用を削減する可能性が出てくる

優待利回りが高すぎる
➡
10%を超えるようだと要注意

企業の優待の負担が大きい、また、高い利回りをつけないと、投資家に購入してもらえない理由(業績低迷など)が潜んでいる可能性も

優待内容が、事業内容と関連がない
➡
主に金券・カタログギフト優待

宣伝や売上アップにつながらず、優待の額面金額そのものがコストとなり、会社の負担が非常に大きい

優待実施の実績が少ない
➡
優待導入から3年程度未満

優待の効果が未知数で、状況によっては早期に廃止(改悪)の可能性が高い

ポイント!

自分にとって必要な優待内容かを考える

優待利回りの高さに目を奪われ、まったく興味のない商品や、まったく使わない買物券(食事券・割引券)など、自分に必要のない優待を手にしても意味がありません。いくら利回りが高くても、自身にとって優待価値が0円であれば、利回りも0%です。必要な優待であるか否かを考えましょう。

使い勝手抜群の優待株

クリエイト・レストランツ・ホールディングス(3387)

- **全国にレストランやカフェを展開する外食企業**
  - ➡和食レストラン「かごの屋」、居酒屋「磯丸水産」、カフェ「あずさ珈琲」など、幅広い形態の飲食店を展開している
  - ➡優待食事券の対象店舗は、日本全国に200超のブランド、900超の店舗なので使い勝手がよい
- **優待利回りは3%半ばと十分な水準で、配当利回りを合わせた総合利回りも4%半ばと満足できる水準である**
- **2021年の赤字はコロナ禍の例外的な数字と判断してもよい（それ以降はしっかり利益を出している）**
- **最低投資額は10万円強と、比較的買いやすい株価水準である**

DATA

PER●44.58倍　PBR●7.39倍　株価●1,061円　配当利回り●0.66%

優待内容※●食事券 2,000円分(年2回(年間4,000円分))　優待利回り●3.77%

※2023年11月22日のデータ

※優待内容は100株保有の場合、クリエイト・レストランツ・ホールディングスは保有株数に応じて食事券が増える。詳細は企業のIRページで確認

	2021年	2022年	2023年	2024年	2025年
業績推移	▲74.3円	30.6円	16.1円	23.8円	26.2円

※表データは会社四季報(2023年4集秋号)からの引用。2024年及び2025年は予想値

※業績推移は1株あたりの純利益(EPS)

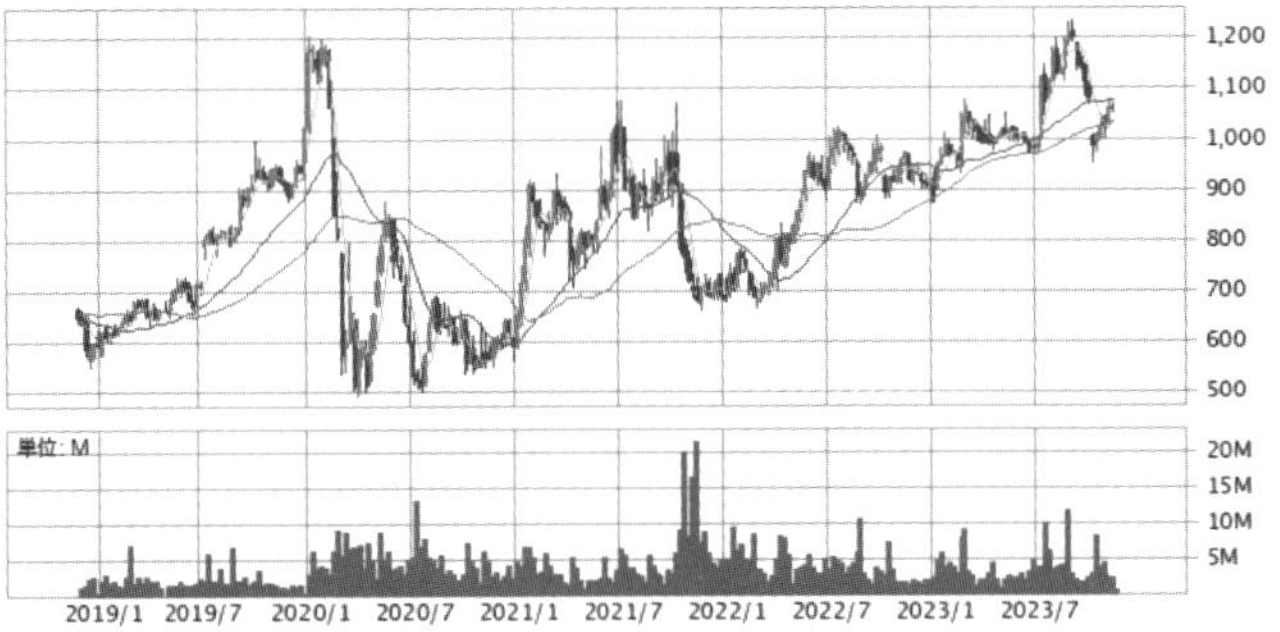

過去５年株価チャート(週足)(SBI証券より引用)

長期保有優遇あり割安な優待株

エディオン(2730)

- **中部・西日本地盤の大手家電量販店**
  ➡家電販売だけでなく、リフォーム事業にも注力しており、
  住宅関連分野での事業拡大にも期待
- **1年以上の保有で優待額が1,000円アップという長期保有優遇がある**
- **優待利回り約2%に加え、配当利回りも3%ある**
  ➡優待利回りと配当利回りを合わせた総合利回りは約5%と
  魅力的な水準である
- **コロナショック以降、株価はなだらかな右肩上がりながらも、PBRは1倍を切る割安な水準である**

DATA

PER●12.58倍　PBR●0.70倍　株価●1,464円　配当利回り●3.00%
優待内容※●エディオングループで利用できるギフトカード3,000円分(年1回)→1年以上の保有で4,000円分にアップ(1,000円加算)　優待利回り●2.04%

※2023年11月22日のデータ
※優待内容は100株保有の場合、エディオンは保有株数に応じてギフトカードが増える。詳細は企業のIRページで確認

	2021年	2022年	2023年	2024年	2025年
業績推移	155.3円	125.4円	112.4円	116.7円	121.8円

※表データは会社四季報(2023年4集秋号)からの引用。2024年及び2025年は予想値
※業績推移は1株あたりの純利益(EPS)

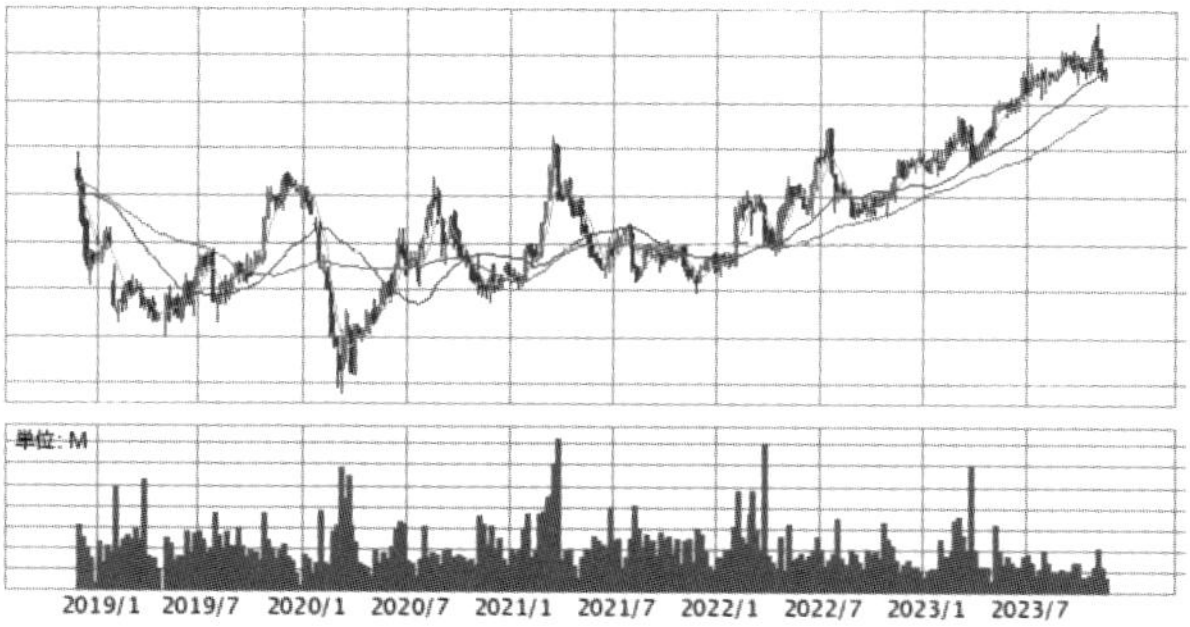

過去5年株価チャート(週足)(SBI証券より引用)

配当金も魅力の優待株

TOKAIホールディングス(3167)

- **東海地盤のガス供給事業会社**

➡ガス供給事業以外に、建築設備関連、情報通信、飲料水配達、ブライダル事業、レストラン事業など、幅広い事業を行う

- **優待は、天然水やクオカード、グループ会員サービスポイントなどのコースから選択できる**
- **安定した業績のもと、高い配当金も安定して支払われている**
- **優待利回り約4%に加え、配当利回りも3%以上ある**

➡優待利回りと配当利回りを合わせた**総合利回りは約7%**と、非常に魅力的な水準である

DATA

PER●14.61倍　PBR●1.50倍　株価●951円　配当利回り●3.36%

優待内容※1●用意されたコースから選択→１年選択コースに関係なく、自社グループレストラン割引券などがもらえる　優待利回り※2●3.78%

※2023年11月22日のデータ

※1 優待内容は100株保有の場合、TOKAIホールディングスは保有株数に応じて優待の内容が増える。詳細は企業のIRページで確認

※2 天然水ペットボトル(年間24本)を選択した場合

	2021年	2022年	2023年	2024年	2025年
業績推移	67.3円	68.5円	49.4円	65.1円	68.9円

※表データは会社四季報(2023年4集秋号)からの引用。2024年及び2025年は予想値

※業績推移は1株あたりの純利益(EPS)

過去５年株価チャート(週足)(SBI証券より引用)

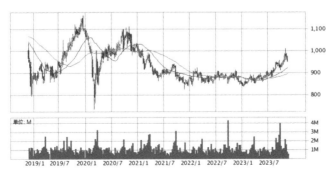

イオンユーザー必携の優待株

イオン(8267)

- **国内首位級の大手総合スーパー**
  - ➡生活に欠かせない小売業は、**ディフェンシブ銘柄**
  （景気動向に業績が左右されにくい銘柄）としても手堅い銘柄
  - ➡銀行や保険などの金融事業や不動産事業も展開しており、今後の成長も期待できる
- **優待であるキャッシュバックは年間で最大6万円**
  （年間買上金額上限200万円×3%）[※]
  - ➡フルに活用すれば**優待利回りは約20%**にもなる
- **2021年の赤字はコロナ禍の例外的な数字と判断してもよい**
  （それ以降はしっかり利益を出している）
- **PERは割高な水準であるが、長年続くキャッシュバック優待の効果は凄まじく、普段からイオンを利用する人であれば、ぜひ、保有を検討したい銘柄**

※毎月20・30日のお客様感謝デー（5%OFF）と併用可

DATA

PER●105.10倍　PBR●2.51倍　株価●3,069円　配当利回り●1.17%
優待内容[※1]●買上金額の3%キャッシュバックが受けられるオーナーズカード（年2回）→上限は半年間で買上金額100万円まで ／他にも、イオンラウンジ利用権やシオンシネマ優待価格、対象店舗での割引などがある　優待利回り●最大で20%程度[※2]

※2023年11月22日のデータ
※1 優待内容は100株保有の場合、イオンは保有株数に応じてキャッシュバック率などが増える。詳細は企業のIRページで確認
※2 買上金額による

	2021年	2022年	2023年	2024年	2025年
業績推移	▲84.1円	7.7円	25.1円	29.2円	32.2円

※表データは会社四季報（2023年4集秋号）からの引用。2024年及び2025年は予想値
※業績推移は1株あたりの純利益（EPS）

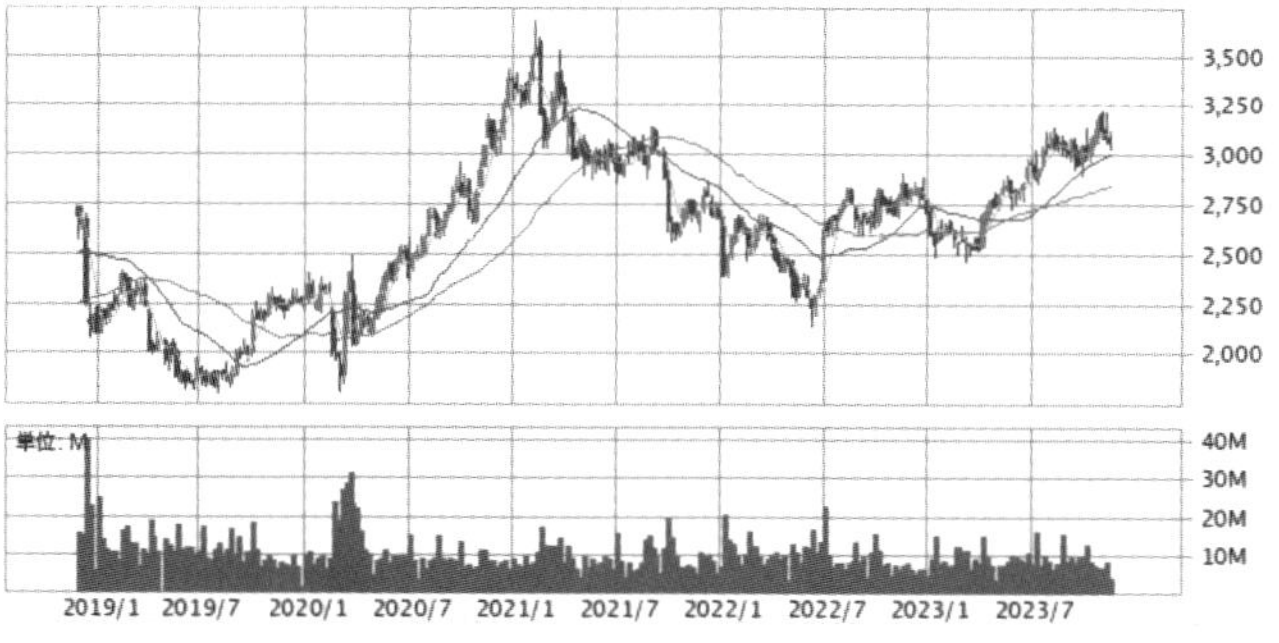

過去5年株価チャート（週足）（SBI証券より引用）

割安株／成長株の選び方

企業そのものの実力や底力で投資する

▼割安株は、PER・PBRでみる

割安株とは、会社の価値に対して、その株価が割安な水準にある銘柄のことで、これをバリュー株とも言います。ただ、何をもって会社の価値と捉えるのか、ひいては割安と捉えるかの判断は難しいものです。

そこで、その判断の目安として抑えておきたいのが、112～115ページで解説したPERとPBRです。

業界にもよりますが、一般には、**PERが10倍前後もしくはそれ以下、PBRが1倍前後もしくはそれ以下**であれば、割安株といえます。

株価水準の低い割安株は、株価の変動は比較的小さく、安定しているとされています。

▼大きなリターンが狙える成長株

成長株とは、現在の利益は小さくても、将来、**事業規模の拡大・業績の大幅アップが見込まれるような銘柄**を指し、グロース株とも言います。

将来のマーケット拡大が期待されるような業界（IT業界など）で、著しく成長している（もしくは成長が見込まれる）新興企業に多く、大きなリターンが期待できます。

ただし、株価は割高なケースが多く、その値動きの変動も大きいことから、成長株への投資には、大きなリスクを伴うことには注意しましょう。

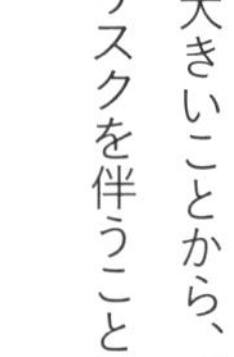

一言解説 成長株のPER

成長株においては、現在の利益が小さくても、将来の成長（業績アップ）を見越して買われるため、PERは高くなる傾向にあります。また、資産の面でもPBRが高めとなります。

割安株・成長株の見方

割安株の特徴

株　券

PER/PBR
ともに低い

割安株(バリュー株)

メリット

株価は低水準で、下落の不安が少なく、比較的手堅い

デメリット

将来の大きな成長は見込みにくく、大きなリターンは期待しにくい

割安株の銘柄選びのアドバイス

万年割安株を避け、好業績割安株を狙うには

万年割安株

値下がりしないまでも、値上がりする可能性は低い

業績低迷が続き、将来の増益が見込めないような銘柄。PERやPBRが低いままずっと放置されている。

好業績割安株

業績がよければいずれ(すでに)株価が上昇する(している)可能性がある!

増益傾向もしくは、高水準の利益が続いている銘柄。株価は上昇傾向でPERやPBRも徐々に上昇。

成長株の特徴

株　券

PER/PBR
ともに高め

成長株(グロース株)

メリット

将来の成長によっては大きなリターンが期待できる

デメリット

見込みで買われるので割高なケースが多く、損失を被る可能性がある

成長株の銘柄選びのアドバイス

利益の変化に注目

業績が見えるので選びやすい

- 前期と比べて、利益が増加している(する見込みの)銘柄
(利益の金額よりも、その増加率が注目される)
- 赤字続きから黒字に転換した(する見込みの)銘柄

事業内容に注目

自身の(将来への)感覚が必要

- 革新的なビジネスモデルを展開している企業
- AI、ロボット、宇宙開発など、拡大が予想されるマーケットに関連した事業を展開する企業
- ヒット商品を生み出しそうな企業

成長株は
成長するか
どうかで、
PERやPBRは
さほど重要では
ありません

ポイント!

配当金から見た、割安株・成長株の違い

割安株は、堅実な経営を続ける成熟した大型株に多く、安定した利益をもとに配当金を支払う傾向にあります。
成長株は、革新的な商品・サービスを展開するような中小株に多く、事業への再投資のため、配当金は支払われない傾向にあります。

暮らしに身近な割安株

割安株

コーナン商事(7516)

- **ホームセンター大手**
  - ➡ホームセンターは、我々の暮らしに欠かせない存在であり、安定した業績を誇る
  - ➡M&Aで首都圏へ本格進出するなど、さらなる利益増にも期待
- **安定した利益をもとに、配当金が支払われている**
  - ➡配当利回り2.55%、近年は**増配を続けている**
- **PERは10倍を切り、PBRも1倍を下回る水準は、十分に割安といえる**
- **コロナショック以降、株価は上昇傾向を続けている**
- **優待利回りは低いものの株主優待も実施している**

DATA

PER●8.06倍　PBR●0.71倍　株価●3,720円　配当利回り●2.55%

優待内容※●自社商品券1,000円分(年1回)　優待利回り●0.27%

※2023年11月22日のデータ

※優待内容は100株保有の場合、コーナン商事は保有株数に応じて商品券などが増える。詳細は企業のIRページで確認

	2021年	2022年	2023年	2024年	2025年
業績推移	5613円	489.3円	431.1円	456.4円	469.9円

※表データは会社四季報(2023年4集秋号)からの引用。2024年及び2025年は予想値

※業績推移は1株あたりの純利益(EPS)

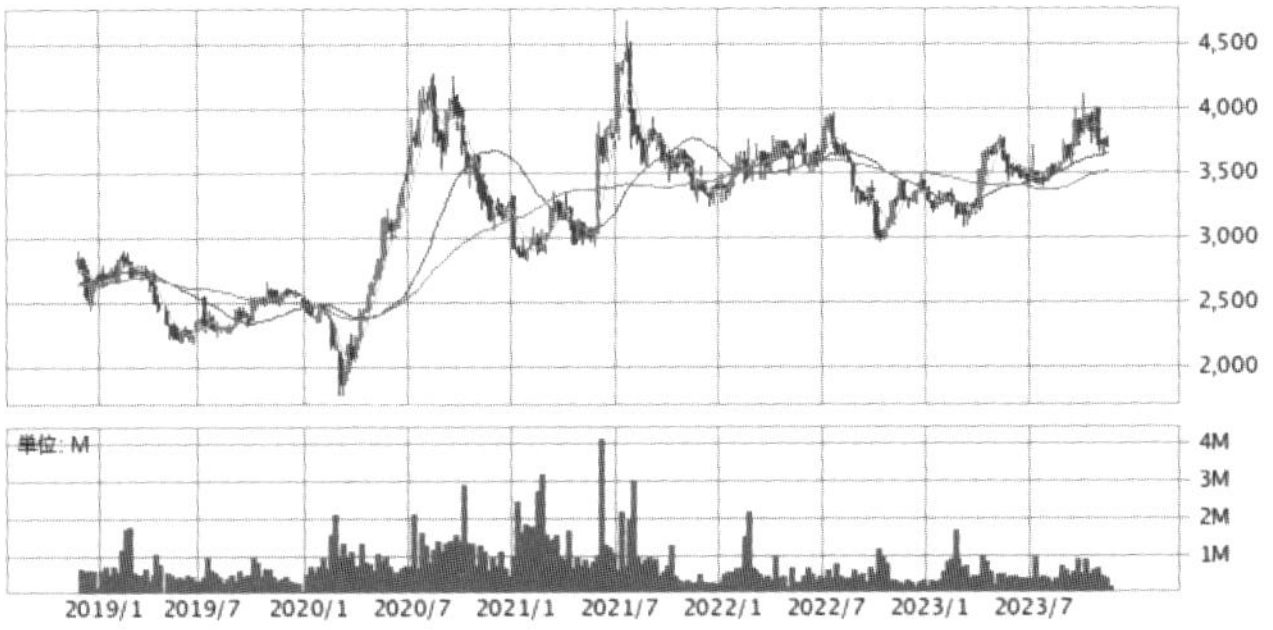

過去5年株価チャート(週足)(SBI証券より引用)

高配当利回りの割安株

割安株

ENEOSホールディングス(5020)

- 国内シェア5割の石油元売り首位
  - ➡**売上高15兆円超**の規模を誇る
  - ➡水素ステーションや家庭用電力への取組みなど、世の中の変化を捉え、将来を見据えた戦略も評価
- **配当利回りは3.75%と、高配当株としても十分の水準である**
- **PERは10倍を下回り、とくにPBRは1倍を大幅に下回る水準と、十分に割安といえる**
- **コロナショック以降、株価は概ね、右肩上がりを続けている**
- **株価は5万円台と、買いやすい水準である**

注目されるエネルギー関連の分野で
5万円台で買えるのはいいですね

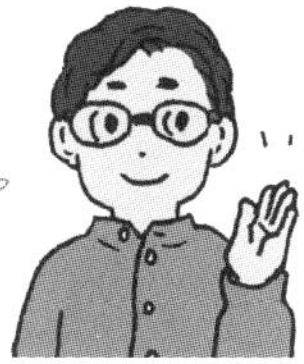

DATA

PER●7.39倍　PBR●0.57倍　株価●586.6円　配当利回り●3.75%

※2023年11月22日のデータ

	2021年	2022年	2023年	2024年	2025年
業績推移	35.5円	167.3円	46.6円	59.7円	69.7円

※表データは会社四季報(2023年4集秋号)からの引用。2024年及び2025年は予想値
※業績推移は1株あたりの純利益(EPS)

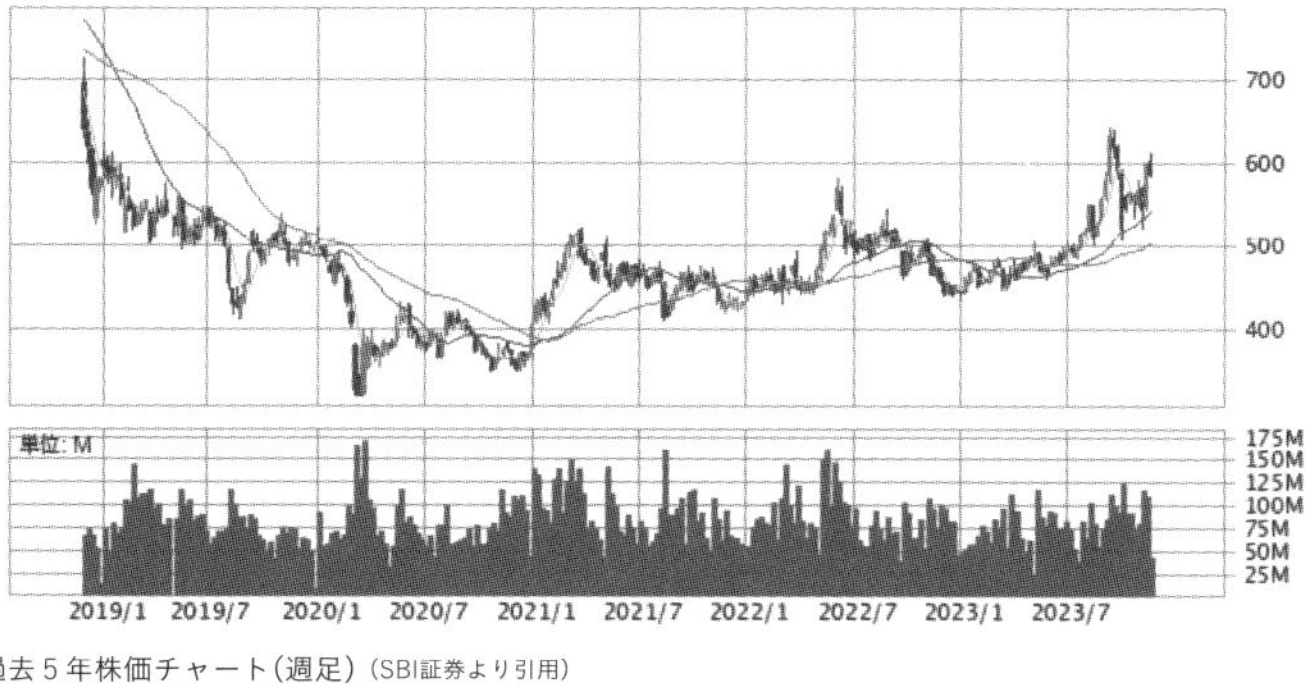

過去5年株価チャート(週足) (SBI証券より引用)

フィンテック分野の成長株

成長株

ウェルスナビ（7342）

- **ロボアドバイザーを活用した全自動の資産運用サービスを提供する会社**
  - ➡預かり資産、運用者数ともに、ロボアドバイザーNo.1の実績を誇る
  - ➡**新しいNISAを追い風**に、若い投資初心者層を取り込み、さらなる業容拡大に期待
  - ➡成長著しい**フィンテック**※のひとつで、今後、ITの更なる進化により、新たなサービス展開も見込める
- **2015年に設立、2020年に新規上場した新しい会社である**
- **利益はまだ少ないものの、これまでの赤字続きが黒字に転換したことが、大きな転換点となることを期待**
- **一時的な過熱により高騰した株価だが、今は比較的落ち着いている水準である**

※金融とITを結びつけた革新的な商品やサービスを指す。金融（Finance）と技術（Technology）を組み合わせた造語

DATA

PER●410倍　PBR●6.74倍　株価●1,599円　配当利回り●0%

※2023年11月22日のデータ

	2020年	2021年	2022年	2023年	2024年
業績推移	▲23.6円	▲10.9円	6.1円	3.9円	8.8円

※表データは会社四季報（2023年4集秋号）からの引用。2023年及び2024年は予想値（12月決算のため）
※業績推移は1株あたりの純利益（EPS）

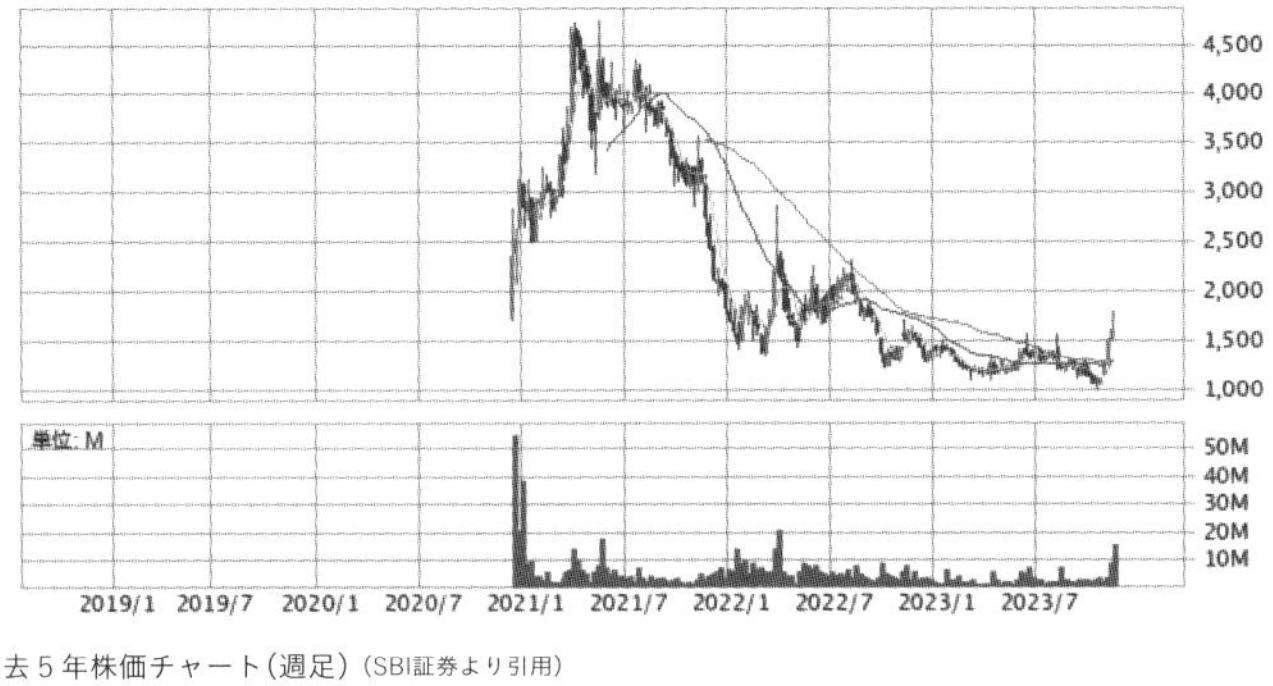

過去5年株価チャート（週足）（SBI証券より引用）

不動産投資を変える成長株

成長株

クリアル(2998)

- 不動産ファンドオンラインマーケット「CREAL」を運営する不動産・資産運用会社
  - ➡次世代投資とされる「**不動産クラウドファンディング**」を展開
  - ➡不動産投資運用プロセスのDXを大胆に推進し、**新たな資産運用サービス**を生み出す革新的な会社
- 2011年に設立、2022年に新規上場をした新しい会社である
- 業績は大幅な増益が続き、将来の見込み(予想)も増益が続いている
- 一時的な過熱により高騰した株価だが、今は比較的落ち着いている状態である

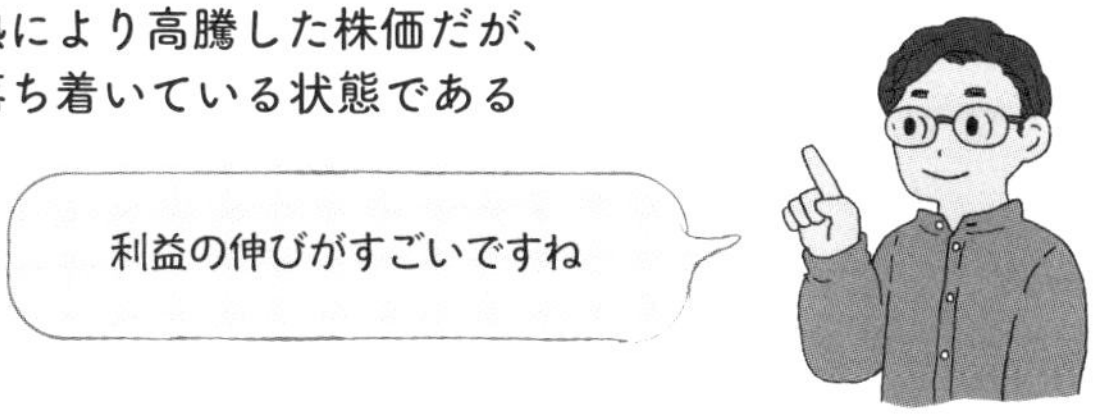

DATA

PER●43.8倍　PBR●6.08倍　株価●3,600円　配当利回り●0%

※2023年11月22日のデータ

	2021年	2022年	2023年	2024年	2025年
業績推移	12.4円	40.4円	66円	94.6円	120.5円

※表データは会社四季報(2023年4集秋号)からの引用。2024年及び2025年は予想値
※業績推移は1株あたりの純利益(EPS)

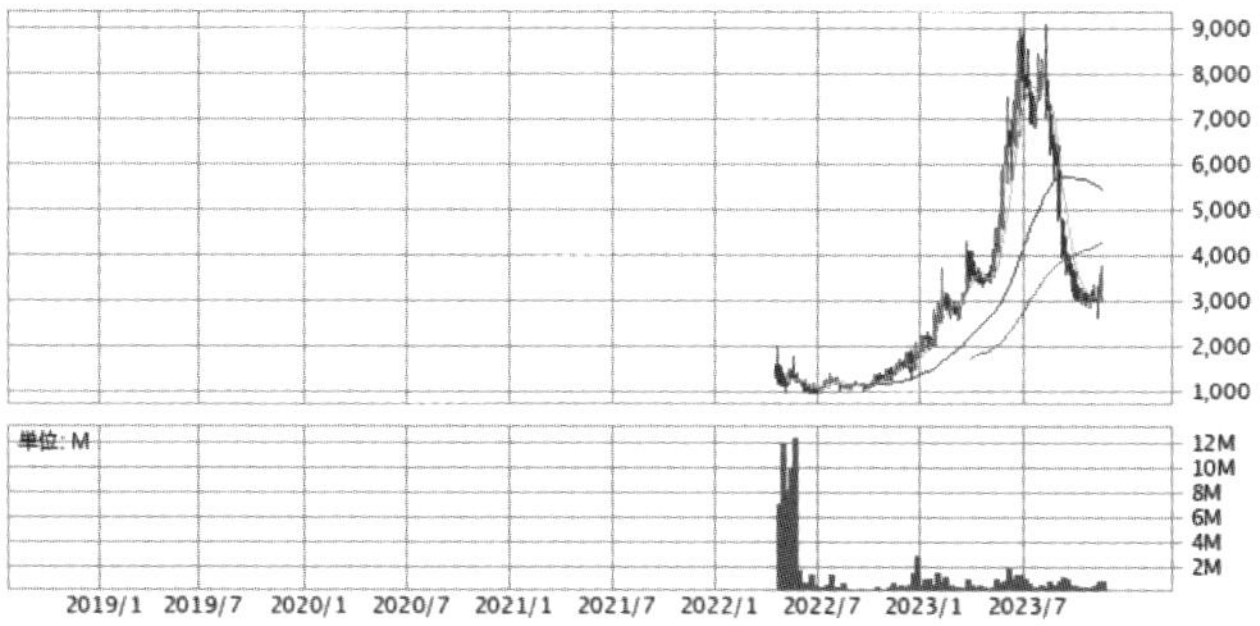

過去5年株価チャート(週足)(SBI証券より引用)

不動産に投資する投資信託がＲＥＩＴ

ＲＥＩＴは手軽にできる不動産投資

▼不動産の一口オーナー

ＲＥＩＴとは、投資家から集めた資金をまとめて収益不動産に投資する投資信託です。ＲＥＩＴに投資することで、間接的に、少額から、不動産投資ができるので、いわば、不動産の一口オーナー制度とも言えます。

成長投資枠では株式投資が主役ですが、不動産投資に興味があれば、投資対象の候補としてもよいでしょう。

▼豊富な銘柄が、いつでも売買できる

ＲＥＩＴの収益には、収益不動産からの家賃などを元にした「分配金」と、ＲＥＩＴ価格の値上がりによる売却益があります。

一般に、我々が購入するＲＥＩＴは、上場株式やＥＴＦと同様、証券取引所に上場しています。ですから、収益不動産を運用管理する投資法人の出資証券を、株式と同じように、いつでもリアルタイムの価格で売買することができます。

現在、約60本のＲＥＩＴが上場しており、その保有不動産はオフィスビル、住宅、商業施設、ホテルなど、銘柄によって多種多様です。ヒルトン東京お台場などの有名物件も、ＲＥＩＴの保有不動産であることも少なくありません。関心のある物件を保有するＲＥＩＴに投資することで、より不動産オーナー気分を存分に味わうことができます。

用語解説

出資証券

投資法人に出資した持分を表わした証券のことで、株式会社での株券にあたる。

用語解説

J-REIT

国内のREITは上場しているタイプが主流でJ-REITと呼ばれる。なお、REITとはreal estate investment trustの略で、不動産投資信託のこと。

REITの選び方

REIT(J-REIT)のしくみ

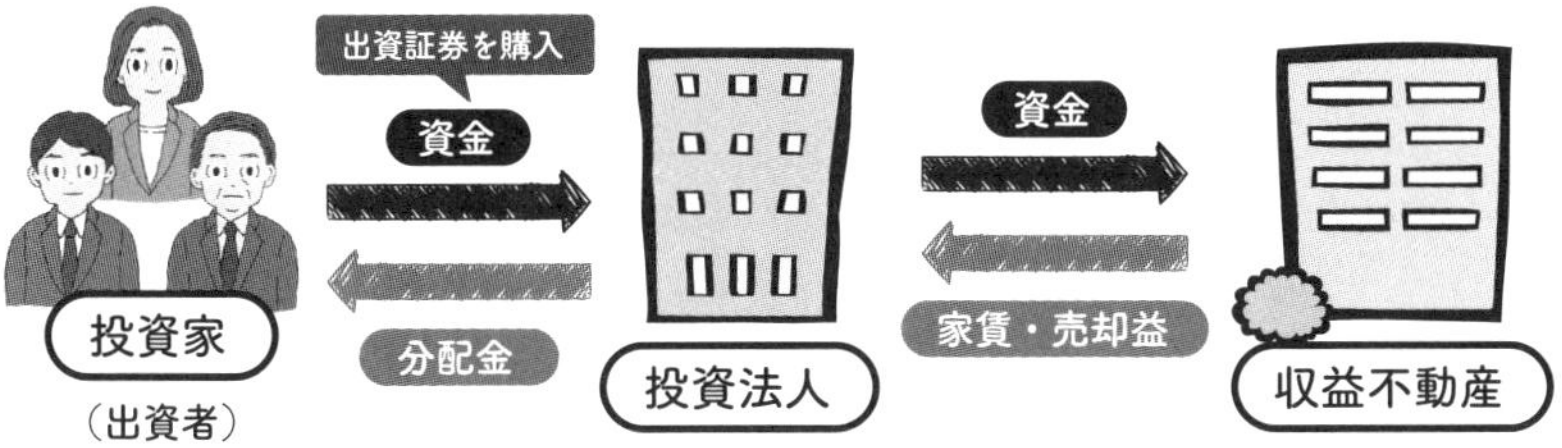

REIT(J-REIT)のメリット

● 少額から不動産投資ができる
➡一口当たりの価格は、5万円～60万円程度

● 分配金は安定していることが多い
➡家賃・テナント料などが、分配金の元

● 分配金は比較的高い
➡分配金利回りは、平均約4％

● 多様な銘柄
➡保有物件の種類・地域・規模が異なる約60本のREITが成長投資枠で購入できる

● 株式市場で売買できる(流動性が高い)
➡現物の不動産投資は売買が困難(流動性が低い)

REIT(J-REIT)選びのポイント

分散性

保有物件数をチェック
⬆
各REITのサイトで確認できる

流動性

出来高(売買された口数)をチェック
⬆
証券会社の取引画面で確認できる

CHECK!
物件数は多いほど分散効果が高い(10棟程度～200棟以上)

CHECK!
出来高が多いほど流動性が高い(1日の出来高は数百口～1万口以上)

ポイント!

つみたて投資枠でも、間接的に投資できる

つみたて投資枠では、直接、REITは購入できませんが、つみたて投資枠の対象商品であるバランス型投資信託の中には、REITに投資するタイプも数多くあります。つみたて投資枠での長期スタンスの不動産投資に興味があれば、REIT比率の高いバランス型投資信託を選びましょう。

アップルやグーグルなどの世界企業への投資ができる

外国株のメリットとデメリット

取り扱いラインアップは、証券会社により異なる

ＮＩＳＡの成長投資枠では、根強い人気の外国株にも投資できます。

外国株とは、外国企業の株式のことで、アマゾンやアップルなど世界的有名企業にも直接投資をすることができるのです。また、国内企業では得られないような高成長・高配当といった魅力的な企業を探し出す面白さもあります。

ただし、外国株を取り扱っているかどうか、また、取り扱っているラインアップは**証券会社によって大きく異なります。**ＮＩＳＡで外国株への投資を考えているのなら、口座開設の前に確認しておきましょう。

外国株はリスクが大きい

外国株は、一般の株式としてのリスク（値動きが大きく、破綻の可能性もある）があるのはもちろんのこと、為替変動による損益も加わるので、よりリスクは大きくなります。また、国・地域によっては、戦争・内紛・経済統制といったリスクも少なくはありません。

ＮＩＳＡにおいて外国株は、あくまでも大きな投資を行わない**アクセントの位置付け**として、「ごく少額」で「楽しむ」のがよいでしょう。

一言解説　情報収集のしやすさ

外国企業は一部の巨大企業を除き、情報の入手が難しくなります。新興国の中小企業の情報など皆無といっても過言ではありません。比較的情報が得やすい、アップルやアマゾンなど世界的な有名企業がよいでしょう。

外国株の選び方

外国株(とくに米国株)が人気の理由

- 取り扱う証券会社が増え、気軽に投資できるようになった
- 世界の有名企業(米国株のアマゾン、アップルなど)に投資できる
- 銘柄によっては、世界全体をマーケットにした、爆発的な成長力(=株価上昇)を享受できる

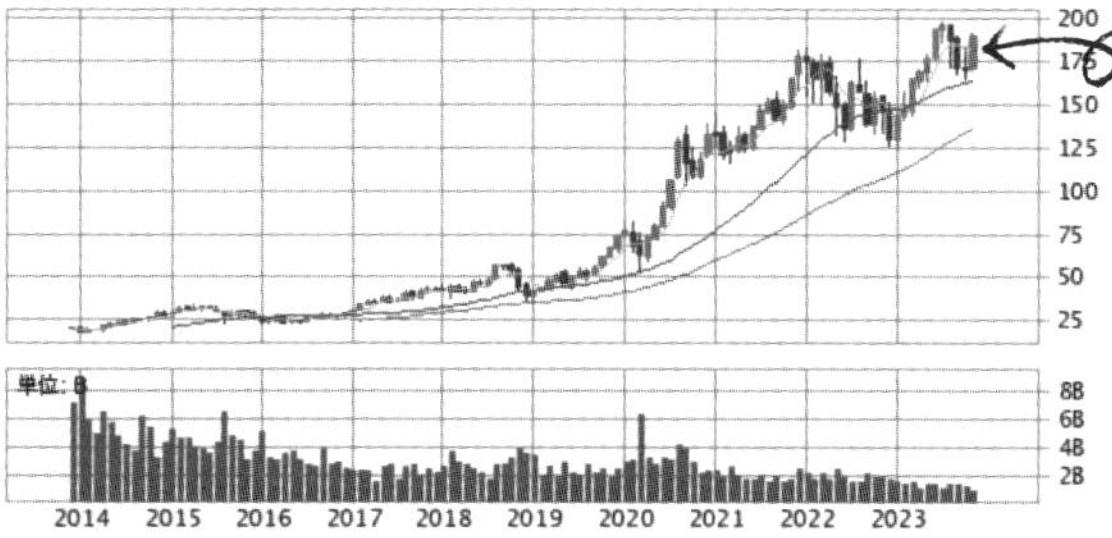

CHECK!
10年間で7倍近い株価になっている

アップルの過去10年株価チャート(月足) (SBI証券より引用)

外国株のリスク

- 株式としてのリスク
- 為替変動のリスク
- 国・地域固有のリスク

リスクはあるものの成長性は高い傾向にあります

外国株取引の注意点

売買手数料

新しいNISAでの米国株は、大手ネット証券ではいずれも無料の予定だが、別に為替手数料がかかる(41ページ参照)

売買単位

外国株式の多くは1株から売買できる

税　金

NISA口座においては、国内株式と同じく、外国株式についても売却益・配当金ともに非課税。ただし、外国株式の配当金については、外国での課税分(アメリカの場合、10%源泉徴収)は非課税とはならない

為替の影響

株式の変動とは別に、為替の変動(円安・円高)による損益が発生する

例

★円安のケース　1米ドル=100円→200円
株価1万米ドルの円建て価格は、株価自体に変動がなくても、100万円から200万円となる

★円高のケース　1米ドル=100円→50円
株価1万米ドルの円建て価格は、株価自体に変動がなくても、100万円から50万円となる

NISA口座でも配当金の外国課税分については非課税にならないのです・・・

目安や理由を作って買う

株式銘柄の買い時は？

購入タイミングの判断材料は？

成長投資枠であっても、購入は積み立て投資が効率的で、精神的にも穏やかに投資することができます。

もし、タイミングを見計らっての購入を考えるのであれば、前期と比べ、売上・利益が増加していることを、直近の決算書（もしくは四半期決算書や決算短信）で確認したうえで購入しましょう。

紹介した投資法にもよりますが、配当利回りや優待利回りが高く、PERやPBRが低い水準であれば、それも購入するタイミングの目安になります。

また、株価チャートから「底値」「上昇サイン」が出たタイミングも購入する理由になるでしょう。

配当金と株主優待は権利確定日に注意

配当金や株主優待が目的の場合、注意することがあります。それは、年1回もしくは2回ある「権利確定日」です。なぜなら配当金や株主優待の対象になるのは、その権利確定日に株主となっている人だけだからです。

また、実際に株式が受け渡され株主になれるのは、購入から2営業日後です。権利確定日に株主であるためには、**権利確定日の2営業日前にあたる権利付き最終売買日に購入しておく必要がある**のです。

用語解説 権利確定日

配当金や株主優待の受取権などの権利を得ることができる確定日のことです。企業によって異なるが、年2回の場合、３月末決算企業であれば、3月31日と9月30日（その日が土日祝の場合は、原則としてその前営業日）となります。

株を買う理由や目的を作る

購入タイミングを図る判断材料

CHECK!
直近の決算書(もしくは四半期決算書や決算短信)だけでなく、月次報告書でも、よりタイムリーな数字をチェックしたい

※月次報告書:企業によっては、月単位の売上推移を逐一報告してくれる。IRで確認することができる

- **前期と比べ、売上・利益が増加している**
  ➡業績向上の兆しをいち早く読み取り、株価上昇の波に乗りたい
- **配当利回りや優待利回りが高い**
  ➡利回りが高いということは、投資魅力が高く、株価上昇につながる可能性が高い。ただし将来的に配当金・株主優待の実施が継続する見込みの高い銘柄であること(120および126ページ参照)

  CHECK! 3～4%程度以上が目安
- **PER・PBRが業種で比較して低く、業績は悪くはない**
  ➡指標が低水準ということは、株価が割安であるため、株価上昇につながる可能性が高い
  ただし、業績向上の見込みがまったくないような万年割安銘柄には注意したい(132ページ参照)

  CHECK! 業種によって目安は変わるがおおむねPER10倍前後、PBR1倍前後が目安
- **株価チャートから、「底値」「上昇サイン」が出たタイミング**
  ➡テクニカルからも、株価上昇の兆しを見極めるのもよい

  CHECK! 「長い下ひげ」や「ゴールデンクロス」(118ページ参照)

権利確定日が31日のケース

購入 ➡ 受渡

27日	28日	29日	30日	31日
		権利付き最終売買日	権利落ち日	権利確定日

CHECK! この日までに購入すれば、権利確定日に株主になれる

CHECK! 権利確定。後日株主に配当金・優待が届く

株の受け渡しは、
購入日から2営業日
かかります

ポイント!

値動きのクセを掴む

権利付き最終売買日が近づくにつれて株価は値上がりし、権利付き最終売買日が過ぎると、株価は下落する傾向にあると言われています。

上図では、30日を「権利落ち日」と言って、株価が下落する可能性があります。とくに、配当金や株主優待が魅力的な銘柄はその傾向が顕著なのでそのような値動きのクセは意識しておきましょう。

17

基本は必要なときの取り崩し、だけどルールを決めておくとよい

株式銘柄の売り時は？

▼下落の恐れがあるタイミングで売る

成長投資枠であっても、基本的には長期投資が理想なので、つみたて投資枠と同じく、「老後資金として取り崩していく」スタンスでいいでしょう。

もし、タイミングを見計らっての売却を考えるのであれば、**下落の恐れがあるタイミングで売却**するのが理想です。具体的には、企業の業績が前期と比べ、売上・利益の減少が続き、損失が発生した時に株価の下落が起こります。業績のチェックは欠かさず行いましょう。

また、株価チャートから「ピーク」「下落サイン」も下落の前触れなので、売却する理由付けにもなります。

▼売却のルールを決める

投資では「購入」よりも、損益が確定する「売却」の判断をするのが心理的に難しいものです。

そこで、前述の判断基準以外にも、あらかじめ、**売却の「マイルール」**を決めるとよいでしょう。

たとえば、「〇〇円になったら売る」「買値から〇〇円(%)上がったら(下がったら)売る」など、株価をベースに決めるのが一般的ですが、他にも、「買った時の理由がなくなったら売る」「お金が必要になった時に売る」と、株価に関係なく決めるものよいでしょう。

一言解説 売却には、覚悟を持って

何も考えずにただ漫然と売った後に、株価がグングン上昇していくと、後悔してもしきれません。ある意味、それは損失を被るよりも心理的ダメージは大きいものです。
そうならないためにも、十分納得できる理由を持って売却を意識しましょう。

株を売る理由や目安を作る

売却タイミングを図る判断材料（株価下落恐れのあるタイミング）

- **前期と比べ、売上・利益の減少が続いている（とくに損失発生）**
  ➡業績悪化の兆しをいち早く読み取り、株価下落による損失を避けたい
- **株価チャートから、「ピーク」「下落サイン」が出たタイミング**
  ➡テクニカルからも株価下落の兆しを見極めるのもよい

CHECK!

直近の決算書（もしくは四半期決算書や決算短信）だけでなく、月次報告書でも、よりタイムリーな数字をチェックしたい

CHECK!

「長い上ひげ」や「デッドクロス」（118ページ参照）

成長株の場合、業績悪化で売上が落ちると成長力に陰りがあるとみられ下落します

売却のマイルールの例

例 株価をベースに決める
- 1,000円になったら売る
- 買値から200円上がったら売る
- 買値から2割下がったら売る　など

例 お金が必要になったとき
- 急に海外旅行に行くことになった
- クーラーが壊れて、買換えが必要になった
- リフォームをすることになった　など

売却のルールがあれば悩まずできそうです

例 購入時の理由がなくなった時

購入時の理由		現状
PBRが1倍を切っている	➡	PBRが1倍を回復した
連続で増配を続けている	➡	連続増配が途切れた
社長のファンだ	➡	社長が交代した　など

ポイント!

マイルールは、絶対のルール

売却のマイルールは、購入前に、しっかりと決めておくべきです。

購入してからだと、その後の値動きや状況の変化に惑わされ、判断することができなくなります。

一度決めたマイルールをすぐに変更しては意味がありません。例外は作らずに、マイルールを守りましょう。

Cloumn 4

投資詐欺には気を付けよう

一方的に勧めてくるものは避けるべし

投資に興味を持つと投資詐欺にあうかもしれません。

5％や10％という高い利回りを謳いながらも、「絶対確実」「元本保証」といった勧誘があれば、高利回りで元本の保証は投資のリスクとして明らかにおかしいので避けるべきです。

近年では、投資詐欺の勧誘手口は巧妙になり、そのような明らかにオカシイ勧誘は減ってはいますが、一方でこちらが頼んでもいないのに、突然、営業マンや知り合いがやってきて、「いい話（商品）がありますよ」などと、**「相手が一方的に勧めてくるもの」**も避けたほうがよいでしょう。

NISAで、投資詐欺や不利な投資を避ける

もちろん、「相手が一方的に勧めてくるもの」のすべてが投資詐欺ではありません。

しかし、わざわざ勧めてくるということは、少なくとも、**「勧めてくる相手が儲かる」**ものであることも多いのです。

具体的には、手数料が高い商品が多く、やはり避けるのが無難でしょう。

一方のNISAのつみたて投資枠の対象商品は、そのような商品はなく、手数料が極めて安いものがラインアップされていて安心です。

第5章

どう積み立てる？自分のライフステージを確認しよう

PART 5

長期投資で買うべき商品の割合

投資プランを考えよう

▼理想の資産配分

買うべき投資商品がわかってきたところで次に覚えるのはどう買っていくかの投資プランであり、長期投資で大切な概念がポートフォリオとアセットアロケーションです。

ポートフォリオとは**「投資商品の組合せ」**、アセットアロケーションとは、その商品を資産カテゴリー別に分類した**「資産配分」**のことです。この資産配分によって、リスクとリターンの目安が異なります。

資産全体のバランスを考えずに、好きなように購入していくと、大きな偏りが生じ、理想的なリターンは得られません。**最初に、自身が理想とする資産配分（アセットアロケーション）を決め、その上で個別の商品を金額ベースで配分（ポートフォリオ）**することで、資産全体を見られるようにしていきましょう。

▼理想は、属性により異なる

アセットアロケーションもポートフォリオも絶対の正解はありません。その人の**属性によって、理想は異なります。**一般には、年齢が若く、収入・資産が多い人ほど大きなリスクを取れますが、どれだけのリターンを得たいかなど投資に対するスタンスやライフステージの変化よっても、リスク許容度は大きく異なります。

次項から投資信託による年代別の運用プランを解説します。無理のないプランで具体的に商品も紹介するので参考にしてください。

一言解説 アセットアロケーションで決まる

将来の運用成績は、アセットアロケーションを決めた段階で「9割方が決まる」と言われています。
つまり、個別商品の選択や購入タイミングよりも、資産配分が重要だということです。

※本章で紹介する事例の利回りは、経済の悪化などリスクを考慮した数字を提示しています。

ポートフォリオを作りましょう

ポートフォリオとアセットアロケーションの関係

アセットアロケーション

（資産カテゴリーの配分）

ポートフォリオ

（個別商品の組合せ）

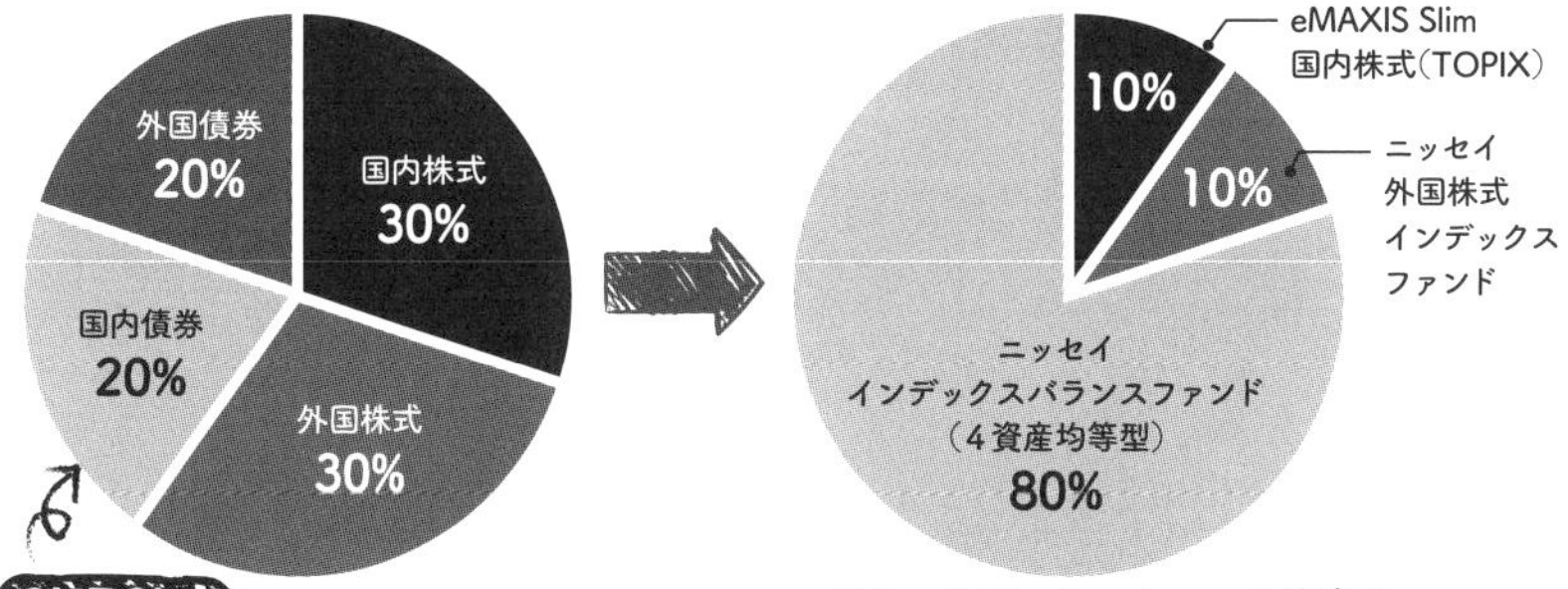

CHECK!

債券や株式などの資産カテゴリーで配分を考える(70ページ参照)

アセットアロケーションの比率を実現させる投資金額ベースでの個別商品の組合せがポートフォリオ

各商品の値動きによって、元の資産配分から乖離してくれば、値上がりした商品を売って、値下がりした商品を買うリバランス（商品の売買による、資産配分の修正）を行う

複利効果が十分生かせ、時間が味方になる

20代・独身の投資プラン

▼長い運用期間は、大きな武器

一般には、**最もリスクを取ることができる属性**です。

なぜなら、一時的に資産が減ったとしても、老後までの長い運用期間において、リカバリーできる機会はいくらでもあるからです。そして、時間を味方につけることで、複利運用効果を存分に生かすことができ、大きく資産を増やせる可能性があることも、多少はリスクを取れる大きな要因でしょう。

20代のうちは、養う家族のいない独身であることもリスクを取れる要因ですが、やはり、「長い運用期間」は大きな武器になります。

積極的な資産配分で構成して攻めたいところです。また、若いうちに投資環境に身を置いて知識と経験を積むことは、これからの長い運用において、大きなプラスとなることでしょう。

▼株式比率を高め、5〜6%を狙う

具体的な資産配分としては、大きなリスクはあれども、大きなリターンが狙える株式の比率を高め、中でも、より大きなリターンが狙える**外国株式も組み入れる**ことです。さらに言えば、新興国株式も組み込むことで、5〜6%を狙える積極的な資産配分となります。

一言解説　投資経験を積んで個別銘柄も

投資経験を積み、つみたて投資枠で積み立てた資産（投資信託）を少し売却して、その資金で、成長投資枠にて個別銘柄を買うのもよいでしょう。自身で銘柄を目利きすることで、より積極的に、投資を楽しむができます。

プラン事例①

属性 20代・独身　目標利回り 5～6％

購入すべきカテゴリーと商品構成

アセットアロケーション（資産カテゴリーの配分）　→　**ポートフォリオ**（個別商品の組合せ）

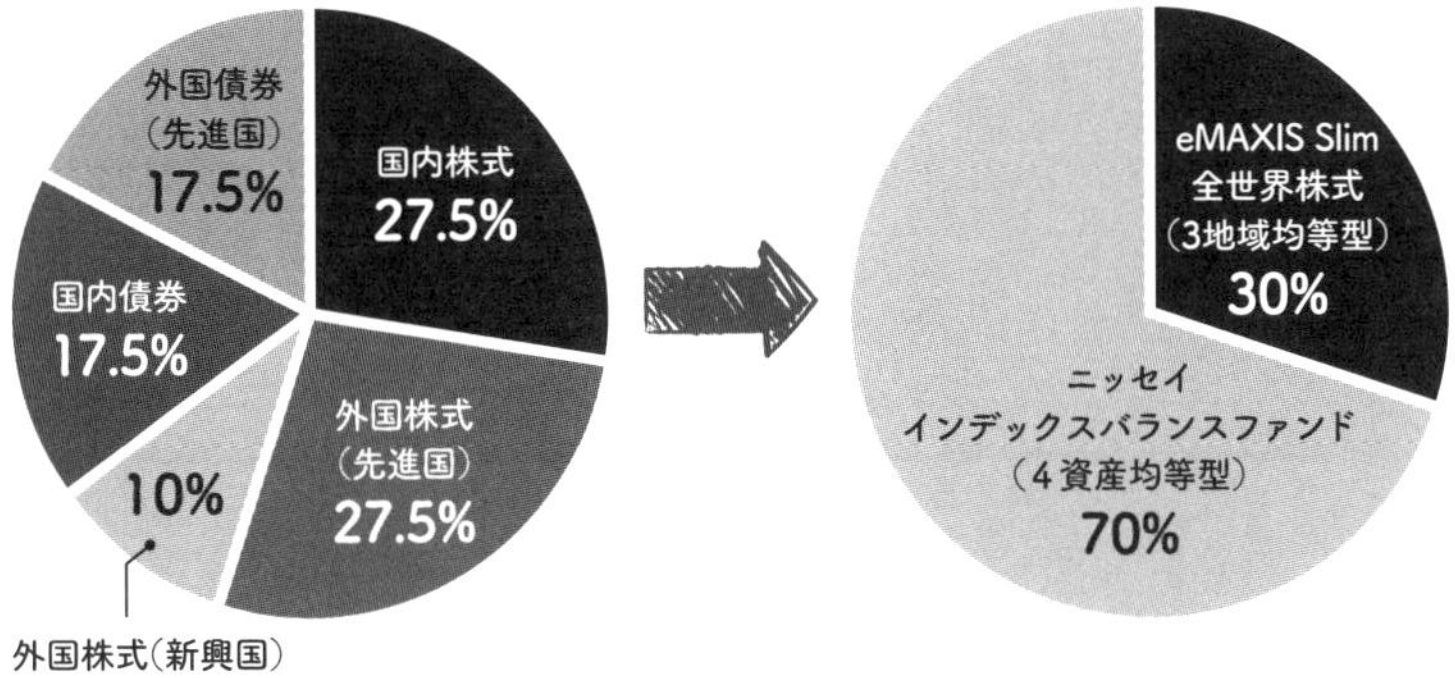

毎月1.5万円を積み立てるとすると・・・

❶ eMAXIS Slim全世界株式（3地域均等型）　**4,500円**

❷ ニッセイインデックスバランスファンド（4資産均等型）　**10,500円**

ポイント！

属性の変化は敏感に対応を

ポートフォリオ（アセットアロケーション）は、あくまでも「現時点」の理想です。今後、結婚や住宅購入など、属性の変化があれば、必ず見直すことを心がけましょう。どの属性でもいえますが、突然大きく変化する可能性も少なくありません。また、毎月の積立額も、収入アップなどがあれば、臨機応変に対応していきましょう。

03

30～40代夫婦（子ども無）の投資プラン

積極運用もできるが、状況次第で運用方針の修正も考える

▼基本的には、積極運用

子供がいないため教育資金がかからず、また、老後までも比較的長い時間があり、そして何より「2馬力」の収入があることから、**リスクを取って積極的な運用ができる属性**となります。

ただ、年齢によっては（40代後半の場合）、健康面の考慮や、就業面の問題を意識するなどして、リスクを抑える必要があるでしょう。また、将来的に子どもを考えているならば、将来の教育資金の確保など生活の変化による運用方針の修正が求められることも意識しておきましょう。

そのあたりを勘案すれば、若干リスクを抑えた資産配分がよいでしょう。

▼株式をメインにして、4～5％を狙う

株式を主軸とした資産配分にしつつ、その割合は若干低めにして（債券の割合を若干高めて）、リスクを抑えて4～5％のリターンを考えます。

外国資産については、新興国は組み入れず、**先進国に絞る**ことでも、リスクを抑えることができます。もっとも、家計に余裕がありリスクが取れると判断できるのであれば、新興国を少し組み入れるなどのアレンジをしてもよいでしょう。

一言解説　お互いの収入状況を知ること

ポートフォリオでは、毎月積立額は4万円で設定しましたが、その拠出割合はお互いの収入状況を踏まえて、しっかり話し合いましょう。共働き世帯の資金計画においては、まずは、お互いの収入状況を把握することが大切です。

プラン事例②

属性 30〜40代夫婦・共働き（子ども無）　**目標利回り** 4〜5％

購入すべきカテゴリーと商品構成

アセットアロケーション

（資産カテゴリーの配分）

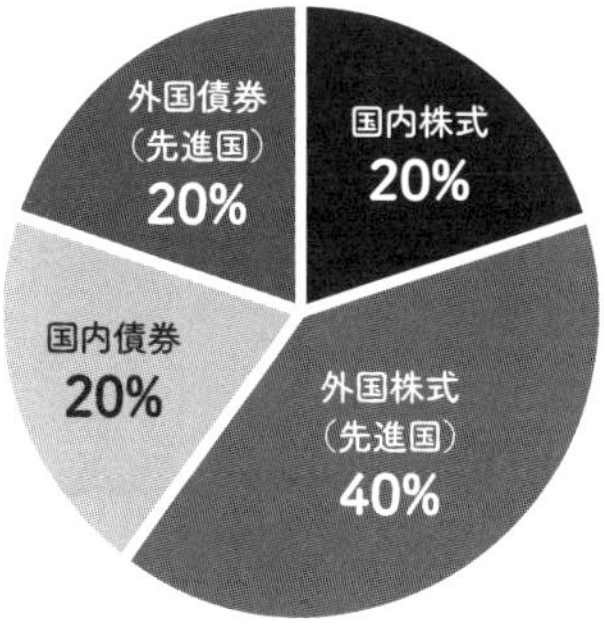

ポートフォリオ

（個別商品の組合せ）

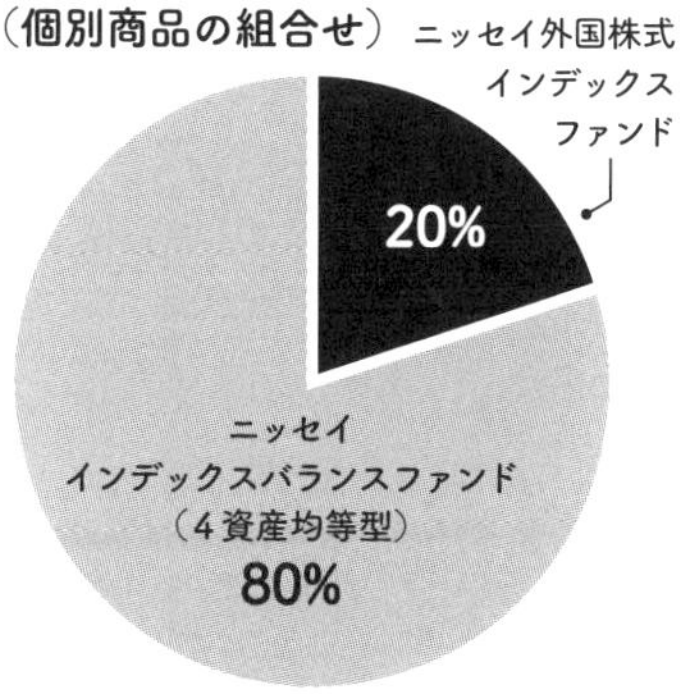

毎月4万円を積み立てるとすると・・・

❶ ニッセイ外国株式インデックスファンド　8,000円

❷ ニッセイインデックスバランスファンド（4資産均等型）　32,000円

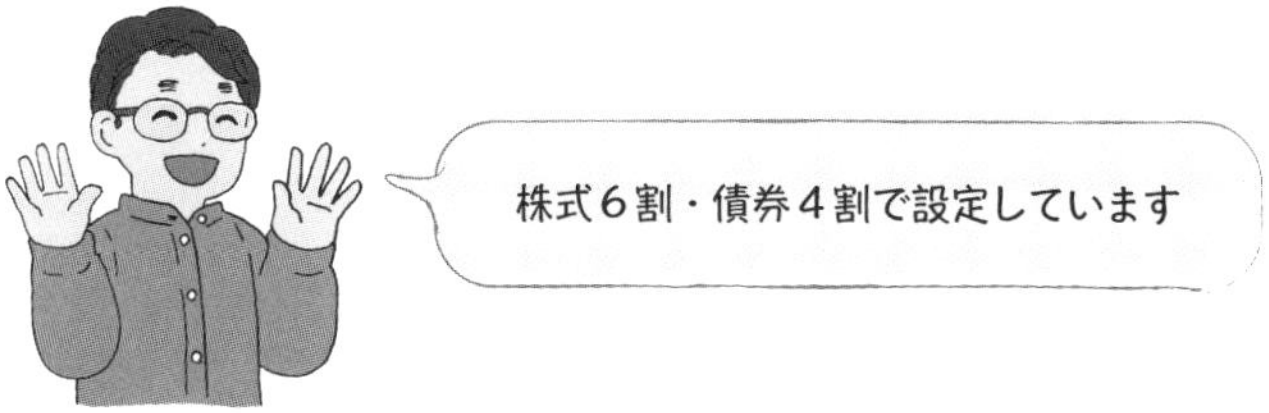

ポイント！

米国株式や新興国株式に興味があれば、アレンジ可能

ニッセイ外国株式インデックスファンドを「eMAXIS Slim米国株式(S&P500)」に差し替えて、米国株式の比率を高めたり、新興国株式ならば、「eMAXIS Slim全世界株式(オール･カントリー)」に差し替えることで、新興国株式を組み入れることができます。

これらの差替えで米国株式や新興国株式の比率が若干高まりますが、理想のアセットアロケーションが崩れるほどの影響はありません。

30〜40代夫婦（子ども有）の投資プラン

分散投資を意識して、確実な資産作りを目指す

しっかりとした資産作りを考える

子どもが小さいうちは、大きな出費はまだ小さく、一般的には、「貯め時」の属性と言われています。数年後に来る教育資金や、住宅の購入による住宅ローン、将来の老後資金の確保などに向けた資産作りを考えていきます

共働きということもあり、リスクは比較的取りやすい属性ではありますが、老後資金以外の資金も必要なため、購入する資産には一定の安全性が求められます。

その上で子供が成長するにしたがって投資資金の調整や購入商品の見直しをしていくのがよいでしょう。

分散投資を心がけて、3〜4％を狙う

資産配分としては、株式を主軸にしつつも、その割合は全体の50％以下ですが、その一方で外国資産は新興国を交えて全体の50％以上にして、一定の収益（3〜4％）が狙えるようにします。

そして、ＲＥＩＴも20％以上を加えることで、全体的に分散投資を意識した資産配分を目指しましょう。

その資産配分を実現するポートフォリオとして、8資産のバランス型投資信託に、日本株ファンドを1割ほど加える形とすれば、好みに応じて、若干のアレンジもしやすくなるでしょう。

一言解説　投資信託の変更

ポートフォリオの「eMAXIS Slim国内株式（TOPIX）」は、「ニッセイ日経平均インデックスファンド」「ニッセイJPX日経400インデックスファンド」でも大きな差はないので、好みで変更してもかまいません。

プラン事例③

属性 30～40代夫婦・共働き（子ども有） **目標利回り** 3～4％

※共働き、子どもは小学生2人を想定

購入すべきカテゴリーと商品構成

アセットアロケーション（資産カテゴリーの配分）　→　**ポートフォリオ**（個別商品の組合せ）

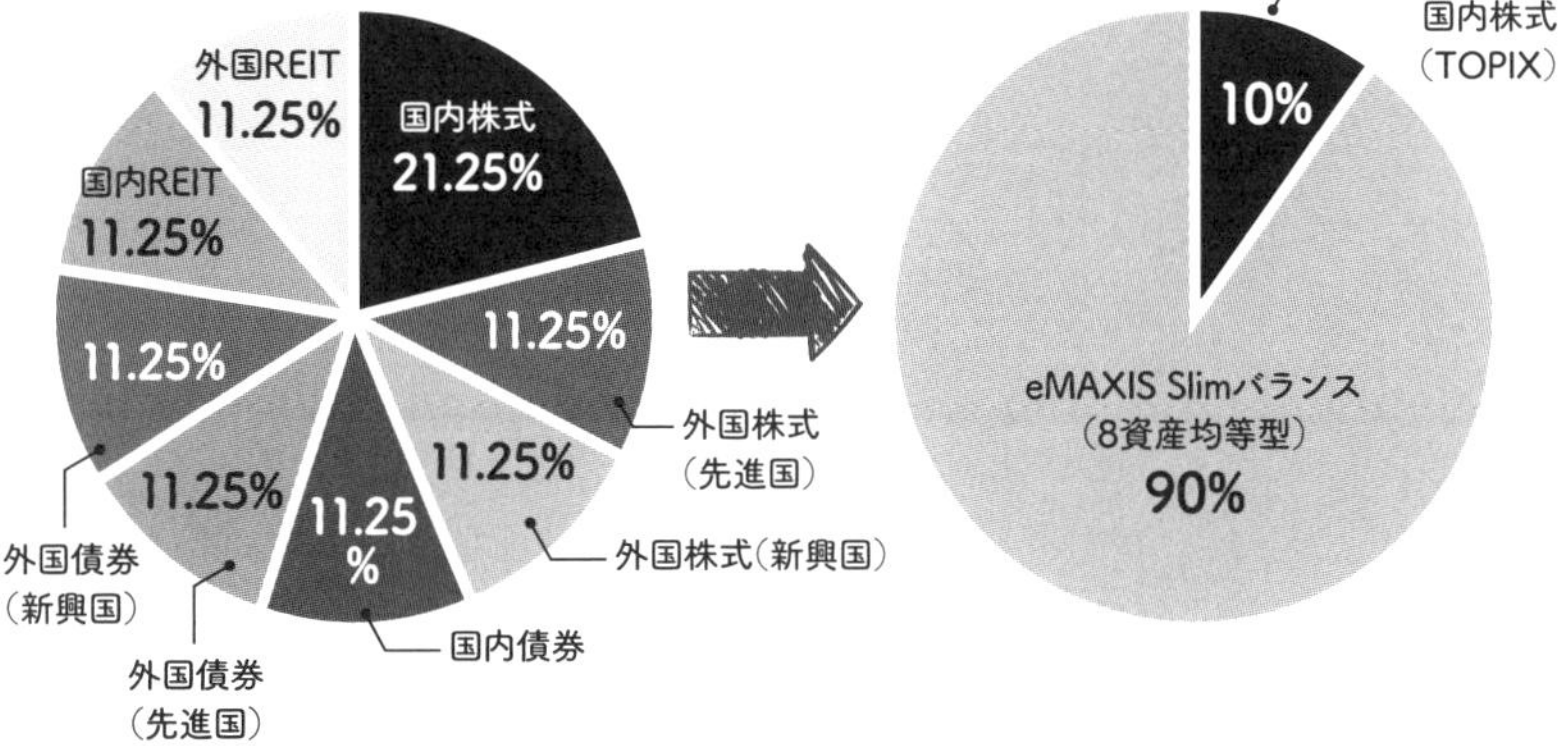

毎月3万円を積み立てるとすると・・・

❶ eMAXIS Slim国内株式（TOPIX）　**3,000円**

❷ eMAIXS Slimバランス（8資産均等型）　**27,000円**

有望な国内の個別銘柄を保有していれば、
「eMAXIS Slimバランス（8資産均等型）」
の1本のみでも大丈夫ですよ

ポイント！

将来の家計状況の見通しも考えましょう

この事例では毎月積立額を3万円としましたが、今後の家計状況に不安があれば、最初は積立額を多めに検討し、来るべき時がきたら減額するなどの対応を考えるのもよいでしょう。

30〜40代・独身の投資プラン

将来の年収の見込みを考慮して無理はしない

いざというときの支出に備える

年収が３００万円程度という設定でのプランです。独身ゆえに、ある程度は積極的な運用はできるのですが、収入と年齢を考慮して大きなリスクは取りづらいところです。

まずは将来的な収入の見込みを考えましょう。その上でＮＩＳＡへの投資は、いざというときの支出に備えておく必要も考えます。

親の介護もしくは自身の結婚など、大きな支出が発生する可能性があります。独身とはいえ、資産の大半を株式や外国資産に割り振るようなことは避けたいところです。

国内資産を若干多めに、3〜4%を狙う

資産配分としては、投資信託での株式の割合を高めにしつつも、外国株式の割合は少し抑え、国内株式を若干多めにすることでリスクを抑えます。また、株式・債券ともに、外国資産については、先進国のみ組み入れることでリスクを抑えます。

そのような資産配分を実現するポートフォリオとして、4種類のバランス型投資信託を9割にして、日本株投資信託を1割加える形が、シンプルで分かりやすいでしょう。

一言解説　将来の見込みが明るいのなら積極的な展開も大丈夫

将来、収入アップの見込みがあるようなら、日本株ファンドの割合を増やしたり、外国株ファンドを追加するなどで目標利回りを高めるなど、より積極的な構成にしてもかまいません。

プラン事例④

属性 30〜40代・独身（年収300万円程度） 目標利回り 3〜4％

購入すべきカテゴリーと商品構成

アセットアロケーション

（資産カテゴリーの配分）

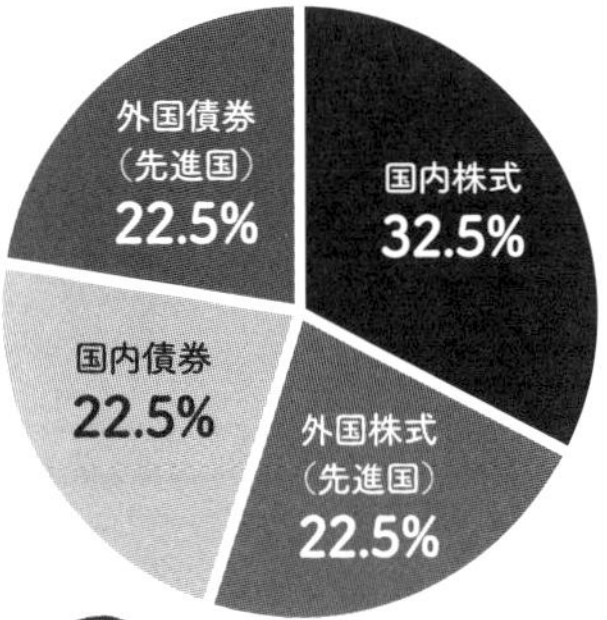

ポートフォリオ

（個別商品の組合せ）

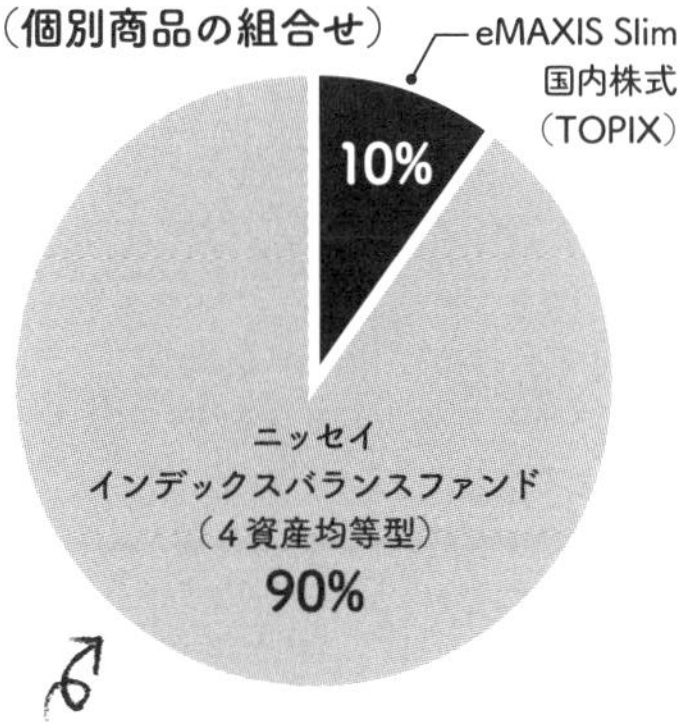

CHECK!

「eMAXIS Slim国内株式（TOPIX）」は、「ニッセイ日経平均インデックスファンド」「ニッセイJPX日経400インデックスファンド」への変更も大丈夫

毎月2万円を積み立てるとすると・・・

❶ eMAXIS Slim国内株式（TOPIX）	2,000円
❷ ニッセイインデックスバランスファンド（4資産均等型）	18,000円

ポイント！

過度に運用に頼らないこと

「運用で増やすしかない」とばかりに、身の丈以上のリスクを取って運用することは禁物です。NISAでの運用の基本は「手堅い積み立て」であり、収入が心細いからこそ、無理のない積立額・ポートフォリオを設定したうえでの継続が大切です。

リスクと収益をバランスよくとる

40～50代夫婦（子ども有）の投資プラン

人生の三大資金と向き合う世代

教育資金のピークであり、また、住宅ローンの負担もあり、住居の状況によっては修繕やリフォームが必要となってくる時期でもあります。

何より、老後資金も本格的に準備をしないといけない時期（年齢によっては「待ったなしの時期」）でもあるため、いわゆる**「人生の三大資金」**が重くのしかかってくる属性と言えます。

つまり、目先の出費は大きく、また、イレギュラーな出費にも備える必要があって無理はできないものの、それでも、将来に向けてしっかりと貯めないと、増やさないといけないのです。

そんな状況においては、**「守り」と「攻め」をバランスよく**構成した資産配分が求められます。

分散投資を心がけて、3％程度を狙う

資産全体の配分としては、手堅い資産である債券と収益を目指した株式を同程度組み入れて「守り」「攻め」両方に対応できるようにします。

その上で、債券・株式それぞれに少しだけ新興国を組み入れることで、また、全体の10％ほどＲＥＩＴ（不動産）を組み入れることで、**利回り3％の収益率向上と、更なる分散効果を狙います。**

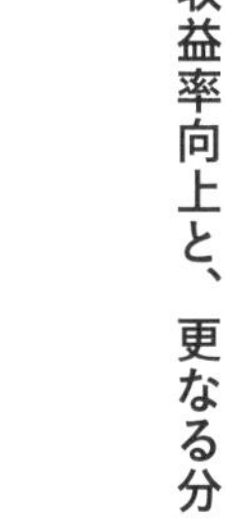

用語解説 人生の三大資金

大きな資金が必要と言われている「子供の教育資金」「住宅の購入資金」「退職後の老後資金」のこと。ライフプランの策定では計画的な積み立てが必要です。

プラン事例⑤

属性 40〜50代夫婦・共働き（子ども有）　**目標利回り** 3％程度

※共働き、子どもは高校生と大学生の２人を想定

購入すべきカテゴリーと商品構成

アセットアロケーション
（資産カテゴリーの配分）

ポートフォリオ
（個別商品の組合せ）

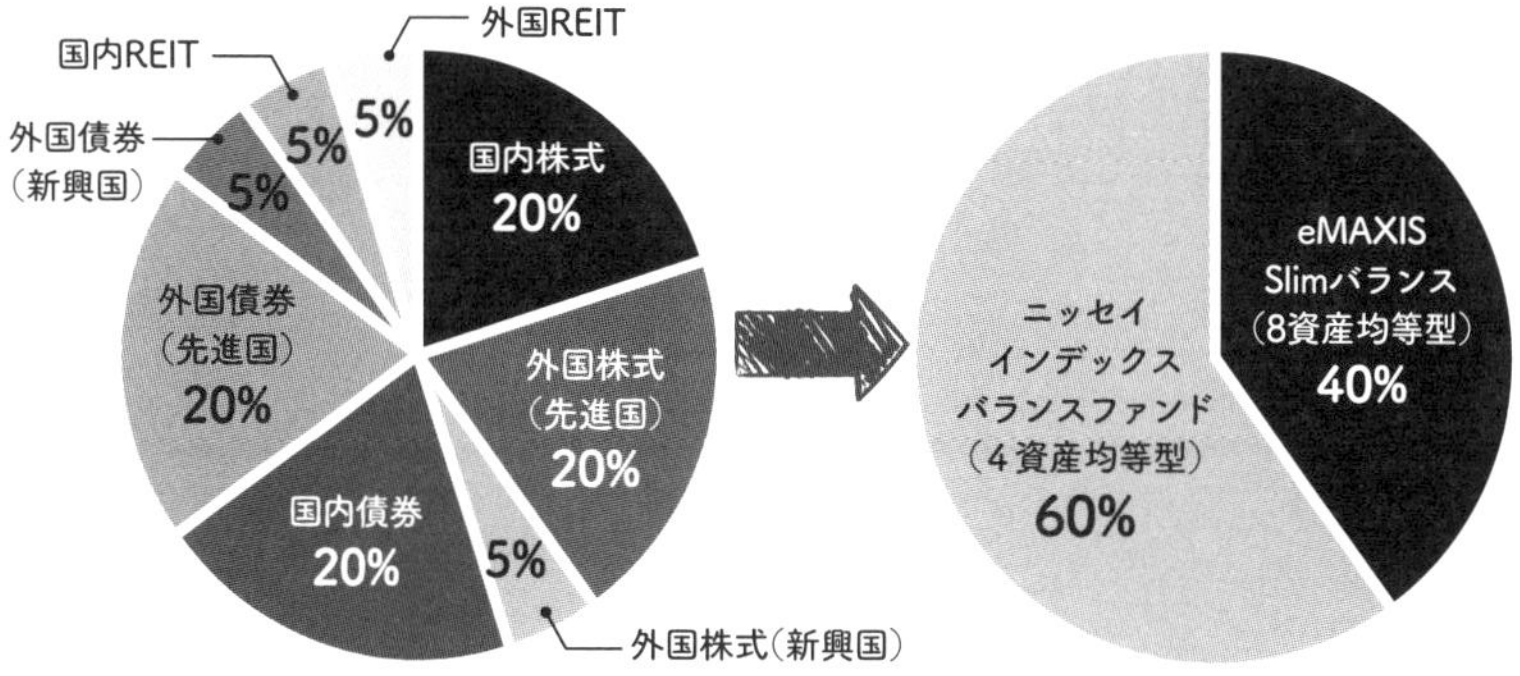

毎月2.5万円を積み立てるとすると・・・

❶ eMAXIS Slimバランス（8資産均等型）　**10,000円**

❷ ニッセイインデックスバランスファンド（4資産均等型）　**25,000円**

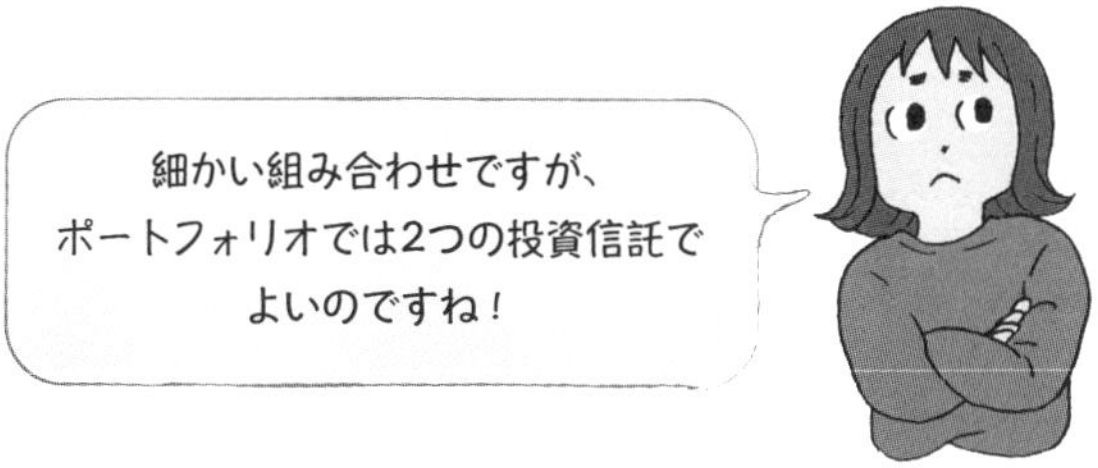

ポイント！

NISAでは積立額をいつでも変更できる

出費のタイミングによっては年間収支が赤字となる可能性も十分にあるライフステージです。そのような厳しい状況になれば無理せず、積立額を減額するなどしていきましょう。

NISAの積立額は手軽に変更できます。家計の状況に応じて臨機応変に対応しましょう。

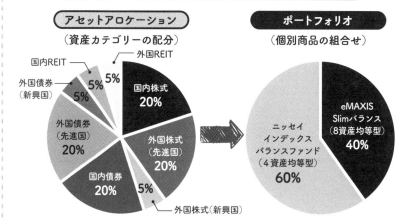

取り崩しながらも増やすことも考える

60代の投資プラン

長い人生を考えれば、まだまだ長期運用ができる

資産の取り崩しが始まる属性でもあり、それゆえに、資産の目減りを防ぎたい人もいるでしょう。

しかし、人生１００年時代の今、これからも70歳、80歳、あるいはそれ以上リタイア生活が続く可能性を考えれば、60代でもまだまだ長期運用を考える年齢でもあります。

年金額で支出が賄えている、不動産収入などがある、再就職を考えているなど、多少の余裕があるのなら、ＮＩＳＡを活用して、**「取り崩しながらも増やす」**ことを考えたいところです。

もちろん、大きな資産変動は取り崩し額にも影響するので、**十分にリスクを抑えた運用**が求められます。

ＧＰＩＦを参考に、２～３％を狙う

資産配分としては、我々の大切な年金積立金の運用を行っている**ＧＰＩＦ（92ページ参照）が基本としているシンプルな資産配分に倣う**ことで、安心かつ、それなりの収益を期待することができます。

ちなみにＧＰＩＦの運用成績は、市場での運用を開始した２００１年以降、年率平均で約４％もの成果を上げており、２～３％程度の目標利回りであれば現実的だと言えるでしょう。

一言解説 お金の寿命を延ばす

資産をただ取り崩すだけでなく、「運用しながら」取り崩すことで、資産の減少速度を遅めることができます。
「お金の寿命を延ばす」ことができれば、より長く、充実したリタイア生活を送ることができるでしょう。

プラン事例⑥

属性 60代・男性 **目標利回り** 2～3％

購入すべきカテゴリーと商品構成

アセットアロケーション
（資産カテゴリーの配分）

ポートフォリオ
（個別商品の組合せ）

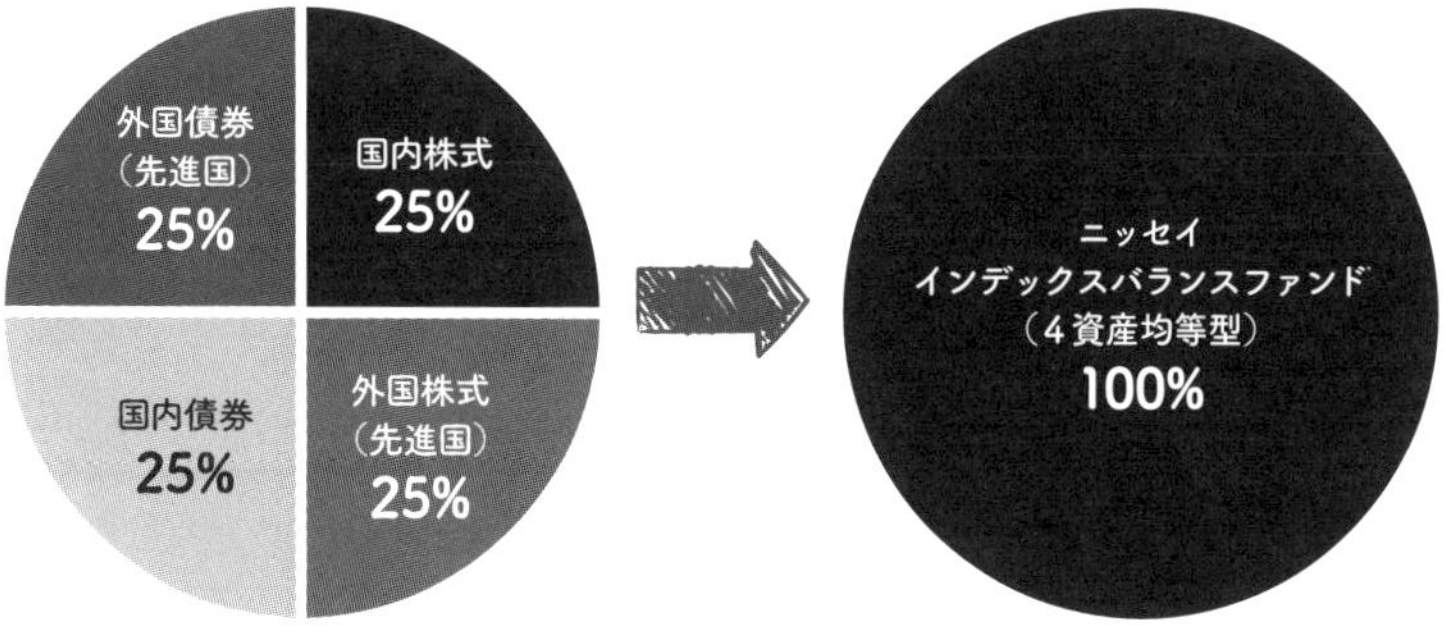

毎月2万円を積み立てるとすると・・・

❶ ニッセイインデックスバランスファンド（4資産均等型） 20,000円

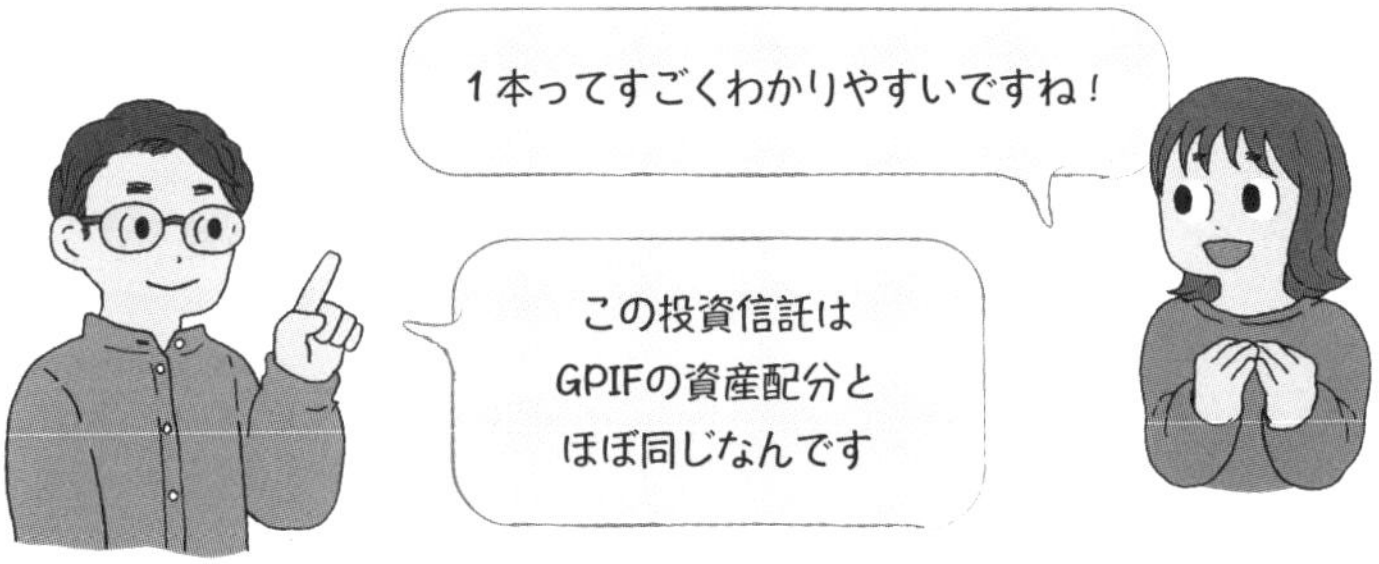

ポイント！

理想の１本を見つけるためには

理想のアセットアロケーションと合致するバランス型ファンドがあれば、その投資信託１本だけを保有すれば良いので、非常に楽です。
ですので、複数のバランス型ファンドの資産配分を見比べて、その中から、自身の理想とするアセットアロケーションを選ぶのも、非常に合理的な方法なのです。

Cloumn 5

投資の情報収集で気をつけるべきこと

▼都合の良い情報を追い求めてしまいやすい

投資には情報収集が欠かせません。

ただ、人は無意識に、**「自分にとって都合のよい情報」に引き寄せられる**という、やっかいな性質があります。実際、自分の保有する（もしくは買いたい）銘柄のプラスの情報は心地よく、ついつい、そんな情報ばかり追い求めてしまうものです。

逆に、都合の悪い情報（見たくない情報）はシャットアウトしてしまいがちです。

▼フラットな目線で情報収集を

意識していないと、そんな「心のクセ」に囚われてしまうことが多くなり正確な投資判断ができなくなります。情報収集では、「心のクセ」を意識して、フラットな目線を心がけましょう。

具体的には、日本経済新聞や会社四季報の定期的なチェックがお勧めです。

時間がなければ、ヤフーファイナンスなどのＷＥＢサイトのヘッドライン記事を確認するだけでもよいですし、マネー雑誌の定期購読も負担は少ないでしょう。

また、ＮＩＳＡ口座の保有資産を定期的にチェックして、各資産・商品の変動要因を確認することも、効果的な情報収集となります。

第6章（番外編）

投資するお金がない!?
資金の捻出方法

PART 6

投資資金を捻出する

無駄な支出を見極めて削減する

収入増より、まずは支出減

余っているお金が十分にあるから大丈夫、という人はそう多くはないでしょう。

元手がなくては、投資はできません。意識して、**投資資金を捻出する必要がある**わけです。

そのためには、「収入を増やす」か「支出を減らす」かのどちらかになりますが、会社員の場合、そう簡単に収入を増やせるものではありません。

そこでまず実行したいのが、自分の意思でコントロールしやすい「支出を減らす」です。

消費・投資・浪費

減らすべきは「無駄な支出」になりますが、何が無駄なのかを見極めるには、**支出を「消費」「投資」「浪費」の3つに分ける**ことです。

消費は、食費や日用品などの生活に必要な支出を指します。投資は、本代やトレーニング代などの自身を高めるための支出、浪費は、レジャー費など、削っても生活に問題のない、いわゆる無駄な支出のことです。そして、**この浪費こそ、できるだけ減らすべき支出**なのです。

浪費を減らすことができれば、それは有意義なお金の使い方を改められ、人生の質を向上させることにもつながります。そんな支出削減など、投資資金を捻出する方法を紹介していきます。

一言解説 その支出、後悔していない？

消費・投資・浪費のグループ分けに迷ったときは、「その支出を後悔していないか？」と考えてみましょう。
「後悔している」であれば、浪費の可能性が高く、「後悔していない」であれば消費、「後悔どころか、支出してよかった」であれば投資と判断してよいでしょう。

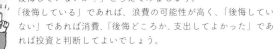

女の子は投資資金を捻出したい

支出の見極め

消費	生活に必要な支出	食費、日用品費、水道光熱費、住居費、通信費、医療費など
投資	自身を高めるための支出	本代、トレーニング代、資格取得関連費、研修・セミナー費、その他見識を広めるための出費など
浪費	無駄な支出	過度なレジャー費、必要性のない外食・飲み会代、漫然と支払っている出費、勢いで使った出費、使途不明金など

支出削減のキモは生活に負担がないところから

支出を減らすには固定費を叩くこと

▼大きな節約につながり、永続性がある

支出は「固定費」と「変動費」に分けることができます。**まず見直すべきは固定費**です。固定費の中には、「漫然と支払っている出費(浪費項目の1つ)」が含まれていることがあるからです。

固定費とは、住宅ローンや保険料、スマホ代や車関連費など、毎月(もしくは定期的に)支払っている支出のことです。

固定費を見直すことは、生活スタイルを変えることにもなり、そのハードルは高いかもしれませんが、一度叩いて見直せば、その効果はずっと続くので効果抜群です。

▼変動費削減は無理しない

一方の変動費は、食費や日用品費、水道光熱費など、生活に応じて変動する支出で、生活に必要な「消費」項目が多く含まれています。

これはよほど大きな無駄がない限りは、変動費の削減は難しく、そこを無理に減らしても長続きせず、また、大きなストレスとなるので好ましくありません。変動費の削減については、無理のない範囲で取り組みたいものです。

具体的には、次項以降の「つもり節約」や「ふるさと納税」がお勧めです。

一言解説 厳しい物価高

近年の物価高騰により、とくに食料品や日用品、水道光熱費の値上がりが顕著になってきており、今後ますます、変動費の削減が難しくなっていくことでしょう。そんな状況からも、まず固定費から見直すよう心がけましょう。

支出を減らす

固定費から叩く

固定費

住宅ローン、保険料、
スマホ代、車関連費
など

こちらを削減！

変動費

食費、日用品費、
水道光熱費
など

CHECK!
一度見直せば、
その効果は永続的

CHECK!
日々の心がけ（節約）が
必要、大きなストレス
となることも

固定費見直しの例

●住宅ローン

➡金利の低いローンへの借り換えを検討する

➡繰上返済をして、将来の利息返済額を減らす　など

●保険料

➡今現在の必要保障額を確認して、無駄な保障があれば、保険の解約・乗り換えの検討

➡保険料の安い「掛捨て型」の保険への乗り換え

➡保険料の安い「共済」への乗り換え　など

●通信費（スマホ代・ネット費用）

➡格安スマホへの乗り換えを考え今より安い料金プランに変更　など

●車関連費

➡カーシェアリングやレンタカーも検討

➡維持費の安い車に乗り換える

➡安い駐車場を探す　など

他にも・・・

●使っていないサブスク料金

●習慣になっている酒・タバコなどの嗜好品

ポイント！

サブスクは使用頻度をみて

映画、音楽、漫画などの見放題（聞き放題、読み放題）のサブスクは、加入当初は（嬉しくて）かなり利用するものの、数ヵ月も経てば、あまり利用しなくなるケースもあります。使用頻度を見て、たまの利用であれば、解約も検討しましょう。

03
変動費削減の有力手段

「つもり節約」をはじめる

▼節約できた金額を記録する

つもり節約とは、**「〇〇したつもり」になって、そのために要したであろう費用を節約する方法**です。

たとえば、仕事帰りにちょっと飲みに行きたいのを、「飲みに行ったつもり」で我慢します。

そして、ここがポイントなのですが、ただ我慢するだけでなく、「ビール2杯とおつまみ2品で2000円くらいだな」といった具合に、飲みに行ったなら要したであろう金額を設定するのです。

そして、その金額をしっかり記録しておくことで、節約できた金額がハッキリするので、モチベーションも上がります。非常に単純な方法ですが、その効果は抜群です。

1回の節約金額は小さくても、積もり積もれば、まとまった金額となり、その金額を投資に回すことができます。

▼メンタルが大切

つもり節約では、特別な専門知識やテクニックはまったく必要ありません。

必要なのは、「もし、〇〇したら、××円くらいかかるだろう」といった想像力と、「〇〇したつもり」で我慢できる忍耐力、そして、そんな節約をゲーム感覚で楽しめる心の余裕です。

つもり節約は、**メンタルが大切**なのです。

一言解説 健康増進にもなる「つもり節約」

「電車に乗ったつもり」で歩く、「お酒を飲んだつもり」でお茶を飲む、など、その内容によっては節約だけでなく、健康増進にもなり、一石二鳥です。

そのような「つもり節約」が習慣になれば、人生において、これは相当なプラス効果が期待できますね。

つもり節約の実践

つもり節約の具体例

お茶を買ったつもりで…

★ ペットボトル

150円

飲みに行ったつもりで…

★ ビール2杯
★ おつまみ2品

2,000円

腕時計を買ったつもりで…

★ カシオ
Gショック

30,000円

旅行に行ったつもりで…

★ 箱根温泉
一泊旅行

70,000円

●交通費 ●宿代
●食事代 ●土産代

時々はご褒美で
食べるとかだと
長くできますし、
ゲーム感覚で
やるのがよい
でしょう

食べた
つもりで・・・
スィーツを！

ポイント！

つもり節約の注意点

この「つもり節約」は、その効果（節約金額）がハッキリと目に見えるだけに、人によっては、必要以上にやり過ぎてしまうという中毒性もあります。

いつも「したつもり」になって、なんでも我慢するのでは、将来のためとは言えつまらない人生になりかねません。ストイックな人ほど、そんな危険性があります。そこは気を付けたいところです。

負担を小さくできる食費や娯楽を享受できる方法

ふるさと納税を活用しよう

実質負担２０００円で、いろいろもらえる

ふるさと納税とは、全国の自治体に寄附をすることで、**年間の実質負担２０００円のみ**で、米・肉・魚介類・野菜・果物などの返礼品（その土地の特産品）がもらえて寄付額が税金から控除される制度です。

返礼品は、寄附額の約3割相当が一般的です。ただし、自己負担２０００円となる年間寄附額には上限があり、その上限額は年収や家族構成によって異なります。たとえば「年収５００万円・共働き（子どもなし）」であれば、年間６１０００円までが寄付することができます。「ふるさと納税」を活用することで大きな節約となり、その分投資に回すことができます。

返礼品は、食料品だけでない

返礼品は食料品だけでなく、家電やトイレットペーパー、旅行クーポンや遊園地のチケットなど、その種類は実に多種多様です。

上手く使えば、食費だけでなく、日用品やレジャー費の節約にもなるのです。

ふるさと納税の申込は、「楽天ふるさと納税」「ふるさとチョイス」「さとふる」といった**ふるさと納税ポータルサイト**において、多くの自治体を一覧比較でき、また、ポイントが付与されるので、便利でお得です。

一言解説　ワンストップ特例でお手軽に

ふるさと納税を活用するには、確定申告が必要ですが、年間の寄附先が５つ以下であれば、会社員や公務員は、「ワンストップ特例（申請書を寄附先の自治体に送るだけで、確定申告は不要なる特例）」を利用できます。

ふるさと納税で控除された分を投資に回す

年間の自己負担2,000円のしくみ

年間寄附額	
控除対象外 （自己負担）	控除額 （年間寄附額－自己負担（2,000円））

CHECK!

2,000円は自己負担

CHECK!

所得税・住民税から控除される（差し引かれる）
※この部分の**税金が安くなる**ことで、
実質負担2,000円となる

主なふるさと納税ポータルサイト

サイト名	特　徴
楽天ふるさと納税 https://event.rakuten.co.jp/furusato/	楽天会員なら新規登録せずに始められ、楽天カードユーザーへのポイント還元最大30%と高い
ふるさとチョイス https://www.furusato-tax.jp/	ふるさと納税ポータルサイトとしては老舗。それだけに返礼品の掲載数が多い。独自ポイントのチョイスマイルは楽天ポイントやdポイントに交換ができる
さとふる https://www.satofull.jp/	テレビCMなどにより知名度・認知度が高く、また、使い勝手の良さに定評がある。ソフトバンクグループなので信用力も高い

Rakuten
楽天
ふるさと納税
冬グルメ
返礼品で旬の味覚を
楽天ふるさと納税

使いやすい上に返礼品も多く掲載されていて便利ですよ
物がもらえる上に税控除ってお得ですね

ポイント！

寄附先はどこでも自由

ふるさと納税の寄附先は、必ずしも、自身の「ふるさと（出身地）」である必要はありません。

「応援したい自治体」や「思い入れのある自治体」など、自分の基準で、どこでも自由に選ぶことができます。

「返礼品が魅力的な自治体」でも、まったくかまわないわけです。

05
投資資金を必ず確保できる方法

天引き投資をはじめる

▼収入－投資資金＝支出

必ず投資資金を確保できる、とっておきの方法を紹介しましょう。

それは、**「天引き」投資**です。

これは**支出の前に、あらかじめ強制的に、投資資金を確保してしまう**のです。すなわち、収入から投資資金を差し引いた後のお金を、支出に回すという方法です。

投資資金を捻出できない人の多くは、「収入から支出を差し引いた後のお金を、投資に回そう」という発想ですが、これだと不思議とお金は残らないものです。

発想を転換し、「収入から投資資金を差し引いた後のお金で、支出を賄う」という流れを作ってみてはどうでしょうか。

▼最初は無理をせずに

「単純」と思われるかもしれませんが、その効果は絶大です。

不思議なもので、「最初から、これだけしかない(使えない)」となれば、支出はその範囲内に収まるものです、というか、収めざるを得ないわけですから。

とはいえ、毎月10万円も20万円も、天引きすることは現実的ではありません。毎月1万円など、**無理のない金額から始めて**、慣れてくれば、徐々に天引き額を増やしていきましょう。

一言解説 投資は「始める」ことが大事

毎月赤字だという人も、この方法であれば、投資資金は確保できるでしょう。
大手ネット証券では、毎月100円からでも積み立てができます。お金が貯まらないから始めないのではなく、投資をまず始めてみることが大切です。

天引き投資をはじめる

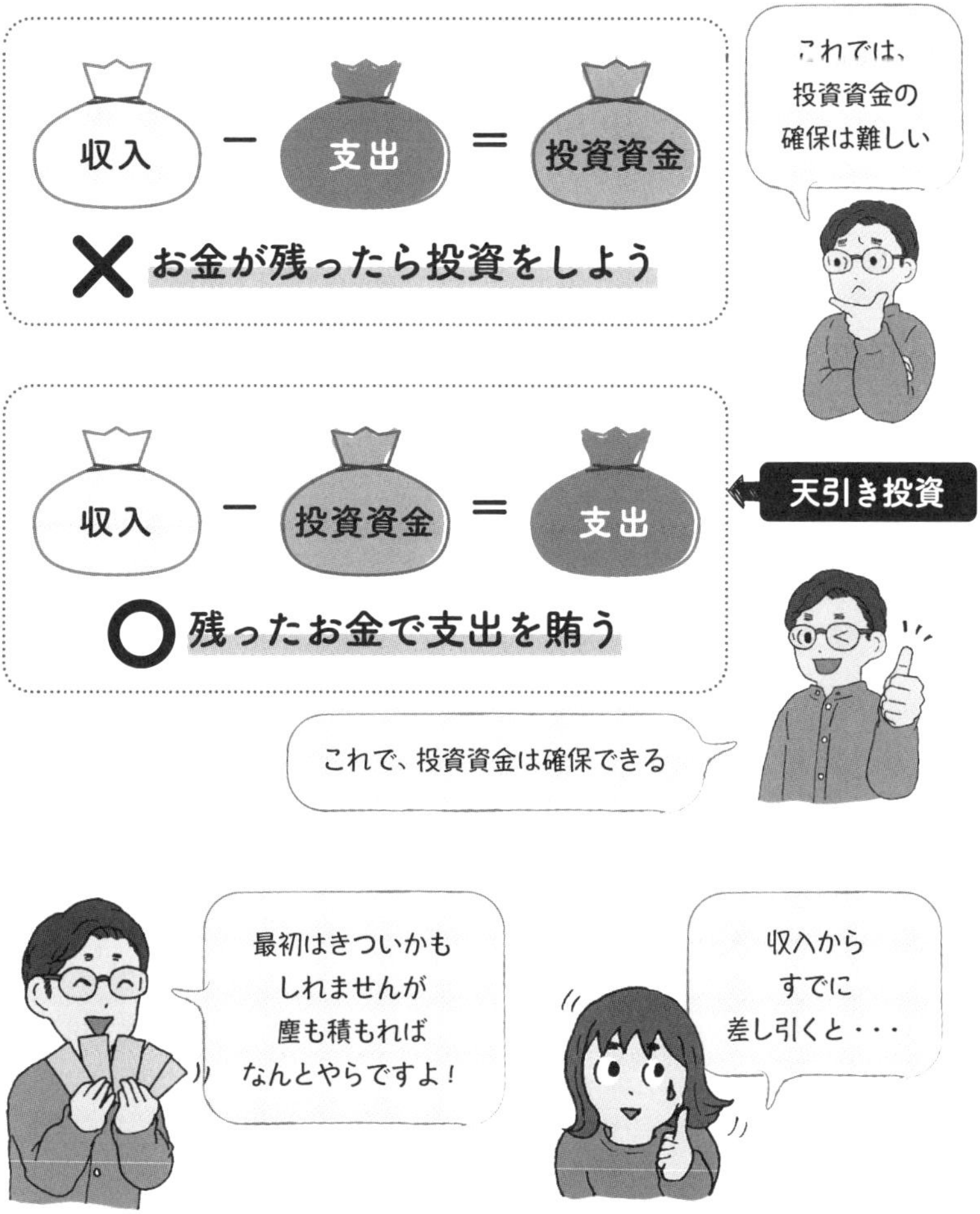
収入
支出
投資資金
これでは、投資資金の確保は難しい
✕お金が残ったら投資をしよう
収入
投資資金
支出
天引き投資
○残ったお金で支出を賄う
これで、投資資金は確保できる
最初はきついかもしれませんが塵も積もればなんとやらですよ！
収入からすでに差し引くと・・・

ポイント！

積立投資＝天引き投資

「積立投資」は、この天引き投資を実践したものです。ある程度、お金が貯まったら投資を始めよう・・・と考えていても、いざ貯まると実際に投資を始めた人は多くはないというのが現状です。

将来、お金を本当に増やしたいと思っている人は貯まってから考えるのではなく、少額からできるNISAでの積立投資をお勧めします。

あとがき

「ＮＩＳＡのことがわかってきてヤル気がでてきました、
今後も続けていけそうです！」

「ＮＩＳＡは決して難しい制度ではありません。
ＮＩＳＡを始めるのに一番大切なのは、その「ヤル気」なのです」

「はい、目をつむると目の前に３０００万円あるような気がします！」

「いや、それはちょっと、気が早すぎるような…
でも、そうやって、将来のお金をイメージすることは大事です」

「将来のお金のことで不安しかなかったのですが、
今はなんだかスッキリしています」

「「将来」に備えることができれば、それは、「今」の不安を解消することでもありますからね！」

「そうですね！　気持ちが楽になります!!」

「さぁ、あなたもＮＩＳＡで、投資の第一歩を踏み出しましょう！」

「・・・誰に言っているんですか？」

「ゴホン・・・とにかく、ＮＩＳＡを利用しない手はありません。
将来の不安をなくし、今を楽しむためにも、
ＮＩＳＡでしっかりお金を増やしましょう！」

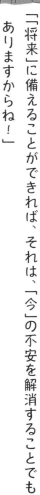

はじめてでもカンタン！

新しいNISA超入門

2024年1月1日　発行
2024年1月31日 第2刷発行

執筆　藤原久敏
漫画・イラスト　野田映美
カバーデザイン　植竹 裕
本文デザイン・DTP　湯田坂絵里
画像協力　株式会社ループスプロダクション

発行人　佐藤孔建
編集人　梅村俊広
発行・発売　〒160-0008
東京都新宿区四谷三栄町12-4 竹田ビル3F
スタンダーズ株式会社
https://www.standards.co.jp/
TEL：03-6380-6132

印刷所　中央精版印刷株式会社

●本書の内容についてのお問い合わせは、下記メールアドレスにて、書名、ページ数とどこの箇所かを明記の上、ご連絡ください。ご質問の内容によってはお答えできないものや返答に時間がかかってしまうものもあります。予めご了承ください。
●お電話での質問、本書の内容を超えるご質問などには一切お答えできませんので、予めご了承ください。
●落丁本、乱丁本など不良品については、小社営業部（TEL：03-6380-6132）までお願いします。
e-mail：info@standards.co.jp
PrintedinJapan

【お読みください】

本書は情報の提供を目的としたもので、その手法や知識について勧誘や売買を推奨するものではありません。

NISAで購入できる金融商品は、元本の補償がなく、損失が発生するリスクを伴います。本書で解説している内容に関して、出版社、および監修者を含む製作者は、リスクに対して万全を期しておりますが、その情報の正確性及び完全性を保証いたしません。

実際の投資にはご自身の判断と責任でご判断ください。